살리시는 하나님

살리시는 하나님

지은이 | 김문훈
초판 발행 | 2025. 10. 29
등록번호 | 제1988-000080호
등록된 곳 | 서울특별시 용산구 서빙고로 65길 38
발행처 | 사단법인 두란노서원
영업부 | 2078-3333 FAX | 080-749-3705
출판부 | 2078-3331

책값은 뒤표지에 있습니다.
ISBN 978-89-531-5176-5 03230

독자의 의견을 기다립니다.
tpress@duranno.com www.duranno.com

* 이 책은 《다윗의 물맷돌》 개정증보판입니다.

ⓒ 이 출판물은 저작권법에 의해 보호를 받는 저작물이므로
  무단 전재와 무단 복제, 무단 사용을 할 수 없습니다.

두란노서원은 바울 사도가 3차 전도여행 때 에베소에서 성령 받은 제자들을 따로 세워 하나님의 말씀으로 양육하던 장소입니다. 사도행전 19장 8-20절의 정신에 따라 첫째 목회자를 돕는 사역과 평신도를 훈련시키는 사역, 둘째 세계선교(TIM)와 문서선교(단행본 잡지)사역, 셋째 예수문화 및 경배와 찬양 사역, 그리고 가정·상담 사역 등을 감당하고 있습니다. 1980년 12월 22일에 창립된 두란노서원은 주님 오실 때까지 이 사역들을 계속할 것입니다.

포도원교회 김문훈 목사에게 듣는 목회 멘토링

살리시는 하나님

김문훈
지음

두란노

목차

프롤로그 생기와 소망을 주시는 하나님,
         일천강국(一千强國) 포도원 _ 6

1부   일천강국(一千强國) 포도원교회
        1 목회 철학 _ 12
        2 목양십훈(牧羊十訓) _ 38
        3 포도원교회 7대 강점 _ 80
        4 일천강국 포도원(덕천/화명/드림/양산/우간다) _ 100

2부   김문훈 목사의 여주동행(與主同行)

        5   시골 소년 성장기 _ 114

        6   고난의 터널과 새 은혜 _ 128

        7   포도원교회, 특별한 은혜 _ 152

에필로그   하나님이 찾으시는 한 사람 _ 168

부록   포도원교회 사진 _ 172

프롤로그

생기와 소망을 주시는 하나님,
일천강국(一千强國) 포도원

하나님은 살리시는 분입니다. 그분은 생기와 소망을 불어넣는 분이며, 죽은 자를 살리고 없는 것을 있는 것처럼 부르는 전능하신 하나님입니다. 하나님의 손길이 닿는 곳마다 어둠은 물러가고, 메마른 심령에는 새 생명의 숨결이 흐릅니다. 마른 뼈를 군대처럼 일으켜 세우시는 분, 꺼져 가는 등불에 다시 불을 붙이시는 분, 바로 그분이 우리가 섬기는 하나님입니다.

그러므로 모든 목회자는 그 하나님의 명령에 따라 죽어 가는 영혼을 살리고, 꺼져 가는 소망을 다시 일으키는 '살림의 사명'을 감당해야 합니다. 목회는 단순히 설교하고 교회를 운영하는 직무가 아닙니다. 그것은 죽어 가는 사람을 다시 살려 내는 하나님의 일에 동참하는 거룩한 부르심의 여정입니다. 그래서 목회자로서의 제 인생은 언제나 '살리시는 하나님께 순종한 길'이었습니다. 때로는 눈물과 외로움의 길이었지만, 언제나 생명으로 이어지는 은혜의 길이었습니다.

하나님께서는 부족한 저를 당신의 도구로 사용하여 말씀을 맡기고 복음을 전하게 하셨습니다. 강단에서 선포된 한 구절의 말씀이 누군가의 심령을 흔들었고, 방송을 통해 흘러간 복음이 멀리 타국의 한 영혼에게까지 생명의 불씨로 전달되었습니다. "죽은 영혼을 살리라, 교회를 부흥케 하라"는 하나님의 명령은 지금도 제 가슴 깊은 곳에 새겨져 있으며, 제 목회의 방향을 이끌어 온 가장 강력한 사명입니다.

그 말씀에 순종하며 걸어온 길이 곧 포도원교회 부흥의 역사로 이어졌습니다. 포도원교회는 단순한 교세의 성장으로 설명될 수 없습니다. 그것은 하나님의 생기를 잃어 가던 시대 속에 다시 숨결을 불어넣는 교회, 곧 '영혼을 살리는 공동체'로 세워진 하나님의 역사였습니다. 그리고 그 중심에는 언제나 '살림 목회'의 철학이 있었습니다.

제가 말하는 살림 목회는 인간의 지혜나 전략으로 만들어진 것이 아닙니다. 그것은 책상 위에서 탄생한 개념이 아니라, 무릎 위에서 눈물로 빚어진 믿음의 철학입니다. 다윗이 사망의 음침한 골짜기를 지나며 살아 계신 하나님을 경험했듯, 저 역시 인생의 절벽 끝에서 '살리시는 하나님'을 만났습니다. 죽음의 문턱에 서만 깨닫게 되는 은혜가 있고, 눈물의 골짜기에서만 들을 수 있는 하나님의 음성이 있습니다. 그 과정을 지나오며 하나님께서 친히 빚어 주신 목회의 원리가 바로 살림 목회의 핵심입니다.

살림 목회는 이론이 아니라 경험의 신앙이며, 단순한 지식이 아니라 순종의 열매입니다. 피와 눈물, 기도와 회개의 자리에서 하나님께 배운 신앙의 결론입니다. 그래서 제가 걸어온 길을 요약하자면, '살리시는 하나님 앞에 무릎 꿇고 순종하며, 생기와 소망을 전한 여정'이라 할 수 있습니다.

이 책의 후반부에는 이러한 저의 인생 이야기가 담겨 있습니다. 그것은 다윗의 인생처럼 '살리시는 하나님, 역전의 하나님'에 대한 간증입니다. 양을 치던 소년이 전쟁터의 영웅이 되고, 도망자가 왕이 되었던 다윗의 이야기처럼, 저의 인생 또한 수많은 고난과 역전의 순간들로 엮여 있습니다. 어린 시절 부모님 곁에서 겪은 서러움, 아버지의 갑작스러운 죽음으로 인한 방황, 타지에서의 외로움, 병으로 인한 절망 그리고 목회의 현장에서 견뎌야 했던 눈물의 시간들…. 그러나 그 모든 시간은 하나님께서 저를 다듬고 훈련시키신 거룩한 신앙 훈련 학교였습니다.

고난은 멈춤이 아니라, 새 생명을 준비하시는 하나님의 과정이었습니다. 사람의 눈에는 실패처럼 보였지만, 그 안에는 하나님의 손길이 있었습니다. 돌이켜보면 모든 순간이 하나님의 섭리와 계획이었습니다. 하나님은 흔들리는 환경 속에서도 흔들리지 않는 믿음을 가르치셨고, 제 삶을 다듬어 당신의 도구로 세우셨습니다. 그 훈련이야말로 '살리시는 하나님'을 체험하는 통로가 되었고, 인생의 역전을 이루는 은혜의 배경이 되었습니다. 하나님은 실패의 자리에서 성공을, 눈물의 자리에서 찬양을, 죽음의 자리에서 생명을 일으키셨습니다.

소망하기는, 이 책을 읽는 모든 사람이 절망의 자리에서 '생기와 소망을 주시는 하나님, 살리시는 하나님'을 꼭 만났으면 좋겠습니다. 무너진 교회, 식어진 예배, 낙심한 목회자와 성도들에게 다시 생기를 불어넣으시고, 죽은 것을 다시 살리시는 하나님의 손길이 임하기를 간절히 기도합니다. 그리고 무엇보다 한국 교회와 세계 교회가 하나님의 영광으로 살아나는 부흥의 불씨가 되기를 진심으로 소망합니다.

2025년 10월
김문훈 목사

―――― 1부 ――――

일천강국(一千强國)
포도원교회

1

목회 철학

살리시는 주님의 이름을 부르며 나아갈 때,
주께서 모든 것을 회복시키실 것이다.

살리는 목회, 살림 목회:
교회를 살리고, 가정과 가문을 살리고, 나라와 민족을 살리는 목회

"하나님이 자기의 독생자를 세상에 보내심은 그로 말미암아 우리를 살리려 하심이라"(요일 4:9).

하나님은 살리시는 분이다

하나님은 우리를 살리시는 분이다. 영과 육, 삶의 모든 곤고한 정황으로부터 우리를 건져 내시는 분이다. 성부 하나님은 우리를 살리기 위해 회복자로 독생자 예수 그리스도를 이 땅에 보내셨다. 그 예수님의 이름을 부를 때 구원의 은총이 임하고, 살아나는 역사가 일어난다. 그러므로 우리는 살리시는 주님의 이름을 불러야 한다. 살리시는 주님 앞에 만사를 뒤로하고 나아갈 때, 주께서 모든 것을 회복시키실 것이다. 주의 은혜와 생명의 복음이 우리를 살리고 온전케 하실 것이다.

예수님의 이름으로 목회하는 우리는 주님께서 이 땅에 오신 목적처럼 '살리는 목자'의 사명을 충성되이 감당해야 한다. 영혼을 살리고, 가정을 살리며, 교회와 나라와 민족을 살리는 통로로 쓰임 받을 때, 우리는 주님 앞에서 칭찬받는 목회를 했노라 고백하게 될 것이며, 목자장이 나타나실 때 칭찬과 인정을 받으며 상급의 면류관을 얻게 될 것이다.

그러나 지난 몇 년간 코로나 팬데믹의 어려움을 겪으면서 여러 안타까운 현실과 간절한 기도의 제목들을 품게 되었다. 종말 시대의 현상으로 해석한다 하더라도, 코로나라는 전염병 앞에서 너무 쉽게 절망하고 좌절하며, 생명과도 같은 예배와 주의 몸 된 교회를 포기해야 하는 현실을 목격했다. 사회적 관계 등 여러 해석이 가능하겠지만, 그 본질에는 '살리시는 주님의 은혜의 결핍'과 '살리시는 주님의 목양 명령에 대한 불순종'이 있었던 것은 아닌지 되돌아보게 된다. 이러한 성찰을 통해 교회와 예배를 회복하고, 가정과 영혼을 새롭게 하기 위한 살림목회연구원 사역을 시작하게 되었다.

살리지 못하는 신앙과 목회의 근본적 질문

살림목회연구원 사역을 계획하면서, 나는 나 자신과 섬기는 교회 성도들 그리고 주변의 지인들에게 근본적인 질문을 던지게 되었다.

"주님을 사랑하는가? 주의 몸 된 교회를 사랑하는가? 주님을 만나는 회복의 통로인 예배를 진심으로 사랑하는가?"

많은 성도가 이런 질문 앞에 쉽게 '아멘'으로 대답하지만, 그 열매는 때로 너무도 초라해 보였다.

주님을 사랑한다는 고백과 주님이 기뻐하실 일을 실천하는 것을 별개로 여기는 성도가 의외로 많다. 그들은 "예수님을 믿기만 하면 구원받는 것 아닌가?", "신앙생활도 결국은 사람 사는 일인데, 다들 그렇게 하는 것 아닌가?"라고 말한다. 심지어 인터넷상의 단편적인 신학 지식을 조합하여 자기 합리화의 논리를 전개하기도 한다.

이러한 말들이 표면적으로는 틀리지 않을지라도, 결과적으로는 자신의 영혼도 살리지 못하고, 주변에도 부정적인 영향을 끼치는 경우가 많다. 생명이 없는 신앙은 그저 말잔치에 불과하며, 영혼을 더욱 메마르게 만들 뿐이다. 수많은 진리를 똑 부러지게 말한다 해도 그 안에 생명이 없다면 무슨 의미가 있겠는가?

예수님께서 이 땅에 오신 목적은 생명을 살리기 위함이다. 죄인과 병든 자를 위하여 낮고 천한 모습으로 성육신하신 분이 바로 예수 그리스도이시다. 사도 요한은 이렇게 증언한다.

"하나님의 사랑이 우리에게 이렇게 나타난 바 되었으니 하나님이 자기의 독생자를 세상에 보내심은 그로 말미암아 우리를 살리려 하심이라"(요일 4:9).

그러나 어떤 이들은 얕은 교리적 믿음에 사로잡혀, 자신도 살리지 못할 뿐 아니라 이웃에게도 선한 영향력을 끼치지 못한다. '예수 믿으면 구원받는다'는 교리만 붙들고, "천국에 가기만 하면 되었지, 상급은 필요 없다"라고 말한다. 이것이 아주 틀린 말은 아니지만, 그러한 삶은 구원의 은혜를 값싼 것으로 만들며 주님의 마음을 아프게 한다. 자녀는 자녀지만, 부모의 마음을 아프게 하는 자녀는 결코 좋은 자녀라 할 수 없다. 신앙도 마찬가지다. 사명과 무관한 삶 또한 주님의 마음을 아프게 하는 신앙이며, 좋은 성도라 할 수 없다.

더 놀라운 사실은, 이러한 잘못된 생각을 지지하고 변호하는 저명한 목회자들도 있다는 점이다. "자녀면 자녀지, 왜 멍에를 지우려 하느냐?"라는 그들의 말은 진리의 본질을 오해한 것이다. 참된 진리는 반드시 그 진리를 받아들인 사람의 마음과 생각 그리고 삶의 행동 방식 전체를 변화시키는 능력을 지닌다. 그 변화가 없이는 참된 진리를 깨달았다고 할 수 없다. 진리를 흉내 내는 자에게는 자유가 아니라, 오직 방종만이 존재할 뿐이다.

부모의 말을 듣지 않거나 마음을 아프게 하는 자녀도 자녀이긴 하지만, 그를 좋은 자녀라 말할 수는 없다. 마찬가지로 주님께서 맡기신 사명은 모든 자녀 된 자에게 주어진 것이다. 그 사명을 외면한 채 살아간다면, 아무리 그럴듯한 논리로 무장했다 해도 주님 앞에서 칭찬받는 신앙인이 될 수 없다.

이러한 성도들과 함께 교회를 이루고 목회를 이어 가는 동역자들은 깊은 탄식과 함께 육체의 건강마저 잃어 가고 있다. 그렇다면 이들을 살리고 회복하는 길은 무엇인가? 이 고민이 깊어질 수밖에 없는 현실이다.

생명의 사명, 화석화된 신앙

예수님은 살리는 분으로 오셨으며, 그분의 사명을 위임받은 우리 또한 생명을 살리는 사역을 감당해야 한다. 그러므로 목회와 사역, 예배와 교회는 반드시 생명을 살리는 현장이 되어야 한다. 이를 위해 가장 우선적으로 회복되어야 할 것은 바로 '예배'와 '교회'다. 교회가 예배의 영광을 회복하지 않고서는 생명의 능력 또한 회복되기 어렵다.

왜 예배의 회복이 우선인가? 성경은 예배가 온전하지 않을 때 죄인이 회복될 수 없음을 말씀한다. 회복자이신 그리스도를 온전히 드러내지 못하기 때문이다. 이사야, 모세, 에스겔, 하박국 모두 살아 있는 예배, 회복된 예배 속에서 하나님의 임재와 위로, 두려움과 말씀의 능력을 경험했다. 이러한 예배는 결코 인위적으로 만들어 낼 수 없다.

특히 역동성을 잃어버린 예배는 곧 생명을 잃고 화석처럼 굳어져 버린다. 화석은 더 이상 살아 움직이지 않는다. 오히려 부지런히 먹이를 준비하는 개미에게서 우리는 생명의 역동성을 발견할 수 있다. 그러므로 화석화된 예배에서는 그 어떤 생명의 역사도 일어날 수 없다. 바로 그 예배를 회복하는 데서 신앙과 삶 그리고 목회의 회복이 시작되는 것이다.

하나님을 향한 최고의 정성과 사랑으로 찬양하며 경배하는 것이 신앙의 본질이다. 이 본질에서 벗어난 모든 행위는 하나님께서 기뻐하시지 않는다. 예배 회복은 영적 전쟁을 치르는 각오와 태도로 임해야 하는 일이다. 혼란한 시대 속에서도 예배가 살아 있는 교회는 더욱 강력히 부흥할 것이며, 그 안에서 참된 예배자들이 일어나 주님의 사랑을 드러내고 세상을 섬기는 자로 세워질 것이다.

예배를 통해 하나님의 임재와 생명의 말씀, 은혜와 감격을 체험한 성도는 미래의 세상에서도 그리스도의 군사로 우뚝 설 것이다. 어떤 시대 속에서도 교회가 사명으로 무장하여 세워지기 위해서는 가장 먼저 예배가 살아 있어야 한다. 영과 진리로 드리는 예배, 생명력이 있는 예배가 회복되어야 한다.

5대 목회 철학

훌륭한 인물이 되고 중요한 과업을 성취하기 위해서는 세 가지 마음이 필요하다고 한다. 첫째는 초심, 둘째는 열심, 셋째는 뒷심이다. 그중에서도 가장 중요한 것은 초심이다. 초심 안에 열심과 뒷심이 함께 담겨 있기 때문이다. 초심에서 열심이 나오고, 초심을 잃지 않을 때 뒷심도 나오기 마련이다.

사람은 살아가며 계속 성장하고 변화해야 하지만, 마음의 태도만큼은 늘 처음과 같아야 한다. 처음 가졌던 마음을 평생 간직하는 것은 참으로 고귀한 일이다. 초심이란 첫사랑의 마음, 겸손한 마음, 순수한 마음, 배우려는 마음, 견습생의 마음이다.

그러나 초심을 지키며 산다는 것은 말로는 쉬워도 실제로는 쉽지 않다. 잠시 딴눈을 팔면 어느새 사라지고 만다. 다니엘은 언제나 초심을 가지고 하나님을 섬겼다. 그는 목숨이 위협받는 상황에서도 "전에 하던 대로"(단 6:10) 하루에 세 번씩 기도하는 것을 멈추지 않았다. 하나님을 섬기고 교회를 돌보는 목회자라면, 목회를 시작하면서 결심했던 것들을 끝까지 지켜 낼 줄 알아야 한다. 이제 그 초심을 담은 나의 목회 철학을 잠시 이야기하고자 한다.

애살 목회

경상도 말 가운데 "애살이 많다"라는 표현이 있다. 이는 어떤 일을 대할 때 유별나게 애정을 가지고 정성껏, 부지런하게 임하는 사람을 일컫는다. 나는 이 표현이 목회에 참으로 잘 어울린다고 생각한다. 목회를 하려면 반드시 '애살'이 필요하다. 다시 말하면, 교회 사역은 아무렇게나 해서는 안 되며, 알뜰하고 깐깐하며 철저하게 감당해야 하는 일이라는 뜻이다.

목회는 단순한 행정이나 조직 관리가 아니다. 목회는 '영혼'을 다루는 거룩한 사명이다. 그렇기에 더욱 세심함과 정성이 요구된다. 생명을 다루는 의사는 환자의 증상 하나라도 허투루 넘기지 않는다. 약 하나를 처방하기 위해 혈액 검사, 병력 확인, 약물 반응 등을 꼼꼼히 살핀다. 하물며 영혼을 다루는 목회자는 어떠해야 하겠는가? 사람의 일생뿐 아니라 영원한 생명과 직결된 목회의 현장에서 '대충'이라는 단어는 있을 수 없다.

수영로교회 정필도 목사님께서 생전에 "교회가 부흥하지 않는 이유는 사람들이 악하고 게으르기 때문"이라고 하신 말씀에 나는 깊이 공감한다. 목회자부터 시작해 모든 사역자와 성도가 '애살' 없이, 정성과 열정 없이 사역에 임한다면 교회는 결코 살아날 수 없다. 하나님의 일에 있어서 '적당히'는 곧 '게으름'이다. 믿음의 일에는 크고 작음이 없다. 주일 예배 설교만 중요한 것이 아니다. 주보의 문구 하나, 광고 하나, 성찬식의 순서 하나도 정성스럽게 준비해야 한다.

나는 늘 생각한다. 광고 하나도 '영과 진리'로 준비해야 한다고 말이다. 하나님의 백성 앞에서 선포되는 말 한마디에도 성령의 감동이 담겨야 하기 때문이다. 어떤 이는 교회 일이 늘 비효율적이며, 불필요하게 정성이 많이 들어간다고 말할지도 모른다. 그러나 목회는 결코 효율로만 평가되는 일이 아니다. 하나님께 드리는 예배, 하나님의 백성을 돌보는 일, 영혼을 구원하는 사역에는 눈에 보이지 않는 치밀함과 끈질긴 정성이 필요하다.

목회자는 누구보다도 성도를 향한 존귀함의 시선을 잃지 않아야 한다. 남녀노소, 사회적 위치나 신앙 연륜과 상관없이, 모든 사람을 하나님의 형상으로 귀하게 여기고 대해야 한다. 한 사람, 한 영혼이 하나님 앞에 얼마나 소중한 존재인지 안다면 절대 '대충' 대하지 않는다. 그래서 나는 애살 있게 목회한다는 것이 곧 영혼을 향한 책임감이며 사랑의 표현이라고 믿는다.

'여호와를 가까이하라'는 성경의 권면처럼, 하나님의 말씀 앞에 서서 날마다 성심성의껏 살아갈 때 목회도 풀리고, 사역도 열리게 된다. 하나님께서는 우리가 얼마나 크게 일했는지를 보기보다, 얼마나 성실하고 진실하게 임했는지를 보신다. 그러므로 목회자는 어떤 일이든 치밀하고 꼼꼼하게, 진정성과 책임감을 가지고 감당해야 한다.

나는 오늘도 다짐한다. '애살 있는 목회자'가 되자고 말이다. 성도 한 사람, 한 사람을 내 몸처럼 돌보고, 예배 순서 하나도 가볍게 여기지 않으며, 전도지 한 장도 정성껏 전하고, 교회 구석구석의 작은 일도 소홀히 하지 않겠노라고 말이다. 주께서 맡기신 사명, 한 생명을 향한 주님의 마음을 생각하며, 나는 오늘도 '애살'을 품고 교회를 향해 나아간다.

믿음 목회

"믿음은 바라는 것들의 실상이요 보이지 않는 것들의 증거니"(히 11:1).

이 유명한 말씀은 단순한 신념 이상의 의미를 담고 있다. 믿음은 단지 긍정적인 생각이나 막연한 소망이 아니라, 보이지 않는 미래를 실제로 살아 내는 구체적인 삶의 방식이다. 신앙의 길을 걷는 사람은 이 세상의 기준과는 전혀 다른 질서 속에 살고 있다. 현실을 있는 그대로 바라보는 사람이 아니라, 아직 이루어지지 않았지만 하나님께서 이루실 미래를 미리 보고 오늘을 준비하는 사람이다.

믿음은 꿈을 꾸는 데서 시작된다. 그러나 그 꿈은 결코 허황된 환상이 아니다. 하나님이 주신 꿈은 생명을 지니고 있다. 매일의 삶 속에서 그 꿈을 품고 기도하며, 작은 일에 성실히 반응하고, 주어진 사명을 향해 한 걸음씩 걸어가다 보면 10년, 20년이 지난 어느 날, 그 꿈은 어느덧 현실이 되어 있다. 주를 위해 바라고 준비한 모든 일이 실제가 되어 눈앞에 펼쳐지는 순간을 경험하게 되는 것이다.

믿음의 사람은 결국 '바라보는 대상'이 다르다. 지금의 자신을 기준으로 살아가는 것이 아니라, 하나님께서 바라보시는 자신의 모습, 곧 더 성숙하고, 더 거룩하며, 더 영향력 있는 미래의 자신을 바라보며 오늘을 살아간다. 하나님은 약한 자, 가난한 자, 어리석은 자를 들어 당신의 일을 이루시는 분이다. 그러므로 믿음의 사람은 항상 긍정적일 수밖에 없다. 자신의 능력이나 조건에 근거한 삶이 아니라, 하나님의 뜻과 약속에 근거한 삶을 살아가기 때문이다. 하나님이 주신 비전은 반드시 성취된다.

민수기 14장 28절에서 하나님은 이렇게 말씀하신다.

"여호와의 말씀에 내 삶을 두고 맹세하노라 너희 말이 내 귀에 들린 대로 내가 너희에게 행하리니."

이 말씀은 단지 이스라엘 백성에게만 주어진 것이 아니라, 우리의 말과 고백이 얼마나 중요한지를 보여 주는 강력한 선언이다. 말이 씨가 되고, 고백이 현실을 만든다. 혀의 권세는 생사화복을 좌우할 수 있다. 그러므로 믿음의 고백은 힘 있게, 분명하게 이루어져야 한다. 믿음은 입술에서 시작되어 삶으로 이어지는 것이다.

믿음은 '사이즈'이기도 하다. 큰 믿음을 가진 사람은 큰 것을 꿈꾸며, 큰일을 감당할 준비가 되어 있다. 바라보는 비전의 스케일이 다르기 때문이다. 그러나 믿음은 단지 규모만이 아니라, 디테일도 함께 동반되어야 한다. 꿈을 꾸되, 그 꿈을 구체화하고 실현해 나갈 준비가 되어 있어야 한다. 하나님은 막연한 신념보다 구체적인 순종을 기뻐하시는 분이다. 구체적인 계획과 실제적인 헌신이 함께할 때, 믿음은 세상 속에서 빛을 발한다.

믿음은 또한 실력이다. 하나님 나라를 세워 나가기 위해서는 각자의 영역에서 탁월함을 갖추어야 한다. 미숙함이나 부족함은 겸손이 아니다. 하나님의 일을 감당하는 사람은 맡겨진 일에 있어 누구보다도 책임감 있고 성실하며, 전문성을 지녀야 한다. 어떤 일이 주어지든 감당할 줄 아는 능력 있는 일꾼이 되어야 한다. 구경꾼이 아니라 참여자가 되어야 하며, 말로만 하는 자가 아니라 열매 맺는 사역자가 되어야 한다.

믿음은 결국 삶의 모든 영역에서 나타나야 한다. 말, 태도, 실력, 비전, 자세… 모든 것이 믿음 안에서 조화롭게 드러나야 한다. 하나님께서 주신 사명이 있다면, 그것을 이루기 위해 준비하고, 훈련하며, 행동해야 한다. 그리고 마침내, 믿음으로 말하고 준비한 그 일이 하나님의 은혜로 우리의 삶 속에 이루어지는 날이 올 때, 우리는 이렇게 고백할 수 있을 것이다.

"믿음대로 되었노라!"

오늘도 우리는 믿음의 사람으로 살아가고 있다. 작게 보이는 현실에 주저하지 말고, 하나님의 크신 약속을 바라보며 담대히 나아가야 한다. 믿음은 바라는 것들의 실상이며, 그 실상은 하나님의 때에 반드시 우리 앞에 드러나게 될 것이다.

한 사람 목회

"너희 중에 어떤 사람이 양 백 마리가 있는데 그중의 하나를 잃으면 아흔아홉 마리를 들에 두고 그 잃은 것을 찾아내기까지 찾아다니지 아니하겠느냐"(눅 15:4)라는 예수님의 질문은 단순한 수사의 차원을 넘어, 하늘 아버지의 마음을 그대로 보여 주는 깊은 비유다. 이 말씀은 특히 목회자에게 매우 강력한 메시지를 던진다. 수많은 양 떼 가운데 하나를 잃었을 때 그 한 마리를 찾기 위해 전심을 다해 나서는 마음, 이것이 예수님의 마음이며 동시에 목회자가 가져야 할 마음가짐이다.

사람은 흔히 숫자에 매이기 쉽다. 예배당에 모이는 인원, 등록 교인의 수, 재정 규모와 같은 외적인 지표에 마음을 빼앗기곤 한다. 그러나 예수님은 언제나 '한 사람'에 집중하셨다. 수많은 무리 앞에서도 예수님은 고통 가운데 있는 한 여인, 병든 자, 외면당한 세리와 창기, 잃어버린 영혼들을 바라보셨다. 주님께 중요한 것은 '많은 사람'이 아니라 '한 영혼'이었다. 그분은 각 사람을 이름으로 부르시고, 각 사람을 위해 피 흘리셨다.

목회자 역시 수천 명의 교인을 돌보는 위치에 있다 할지라도, 그 가운데 잃은 '한 사람'에 집중할 수 있어야 한다. 주일에 수백 명이 앉아 있는 예배당에서도 한 사람의 빈자리를 느끼고, 그 영혼을 위해 가슴 아파할 수 있는 목회자, 그가 진정 주님의 심장을 가진 사람이다. 영혼을 향한 목자의 시선은 결코 숫자로 대체될 수 없다.

예수님의 비유는 단지 잃은 양을 찾는 데서 끝나지 않는다. "찾아낸즉 즐거워 어깨에 메고 집에 와서 그 벗과 이웃을 불러 모으고 말하되 나와 함께 즐기자 나의 잃은 양을 찾아내었노라"(눅 15:5-6) 하신 말씀처럼, 그 영혼이 돌아왔을 때의 기쁨은 이루 말할 수 없다. 하늘에서는 죄인 한 사람이 회개할 때, 의인 아흔아홉으로 말미암아 기뻐하는 것보다 더 큰 기쁨이 있다. 이 얼마나 놀라운 가치인가! 한 영혼의 회복이 천국의 잔치를 불러오는 것이다.

"호랑이는 토끼 한 마리를 잡을 때도 전심전력을 다한다"라는 말이 있다. 목회자도 마찬가지다. 한 사람을 전도하고, 한 사람을 양육하기 위해 생명을 걸 수 있어야 한다. 그 한 영혼이 주님께 돌아오는 것은 단순히 개인의 문제에 그치지 않는다. 그를 통해 가정이 변화되고, 이웃이 복음을 듣고, 지역 사회에 선한 영향력이 흘러가게 된다. 마치 고구마 줄기를 당기면 고구마가 줄줄이 따라 나오듯, 한 사람의 변화는 결코 거기서 끝나지 않는다.

그러므로 목회는 언제나 '한 사람'에서 시작되어야 한다. 비록 그 길이 더디고 눈에 보이지 않아도, 한 사람의 회복을 위해 무릎 꿇고 기도하며, 말씀을 가르치고, 그의 삶의 여정을 함께 할 때 하나님께서 이루시는 역사는 생각보다 크고 깊다. 잃은 영혼 하나를 찾아 나서는 그 걸음은 작아 보일 수 있으나, 그 걸음이야말로 천국을 향해 나아가는 진짜 목회의 길이다.

다시금 이 말씀 앞에 서 본다.

"내가 너희에게 이르노니 이와 같이 죄인 한 사람이 회개하면 하늘에서는 회개할 것 없는 의인 아흔아홉으로 말미암아 기뻐하는 것보다 더하리라"(눅 15:7).

이 말씀을 가슴에 새기며, 지금 내 앞에 있는 '한 사람'을 위해 다시 마음을 다잡는다. 수천 명을 위한 전략보다, 잃은 한 사람을 위한 사랑이 먼저다. 이것이 예수님께서 보여 주신 목회이며, 우리가 따라야 할 본이다.

100퍼센트 목회

기독교 신앙의 본질은 단지 '믿는다'는 고백에 머무르지 않는다. 진정한 믿음은 삶의 현장에서 철저한 실천으로 드러나야 한다. 하나님의 언약은 확실하며, 그 약속은 결코 변하지 않는다. 그렇기에 우리는 그 확실한 언약 앞에서 말이 아닌 삶으로 응답해야 한다. 입술로는 하나님의 주권을 인정한다 하면서도 행동이 따르지 않는다면, 그것은 참된 믿음이라 할 수 없다.

성경은 분명히 말씀한다.

"행함이 없는 믿음은 그 자체가 죽은 것이라"(약 2:17).

씨를 뿌리지 않고는 싹이 날 수 없고, 수고하지 않고서는 단을 거둘 수 없다. 하나님의 전적인 은혜와 주권을 100퍼센트 믿는다면, 그 믿음에 걸맞게 최선을 다해 살아야 마땅하다. 주님의 부르심 앞에서 주저하거나 게을러서는 안 된다. 하나님의 일을 맡은 자로서 자신에게 주어진 사명을 온 힘을 다해 감당하는 것, 그것이 바로 순종이다.

목회자의 삶도 마찬가지다. 아무리 바쁜 일정 속에 있다 해도 새신자 심방은 항상 최우선 순위에 두어야 한다. 부흥회가 있든, 세미나가 있든, 외부 강의가 있든 상관없다. 하나님께서 목회자로 부르셨다면 그 부르심의 핵심은 '영혼 구원'이며, 그 사명을 외면한 채 다른 일에 열심을 내는 것은 본질을 놓치는 일이다.

포도원교회는 이 철학을 실천하고 있다. 심방 시간은 아침 8시부터 밤 12시까지 열려 있고, 새신자만 괜찮다면 아무리 늦은 밤이라도 목회자와 구역장, 기관 대표가 함께 선물을 들고 그

가정을 방문한다. 단순한 인사로 끝나지 않는다. 진심 어린 기도와 관심, 사랑을 나누는 시간이다. 한 영혼이 예수님께 붙들리기까지 결코 포기하지 않는다.

주일에 교회에서 새신자 교육을 받을 수 없는 이들을 위해 '출장 성경 공부'도 진행하고 있다. 직장이나 개인 사정으로 인해 교회에 나오지 못하는 이들을 위해, 평일에 직접 직장을 방문하거나 약속된 장소로 찾아가 복음을 전하고 말씀을 나눈다. 이것이 바로 믿음을 실제로 살아 내는 방식이다. 믿는 대로 행하고, 행한 대로 심고, 심은 대로 거두는 것, 이것이 하나님의 섭리다.

신앙의 열매는 결코 우연히 맺어지지 않는다. 최선을 다할 때에야 비로소 최고의 결과를 얻을 수 있다. 하나님께서 주신 사명 앞에서 취해야 할 자세는 분명하다. 할 수 있는 한도까지, 아니 그 이상으로 최선을 다해 헌신하는 것이다. 맡겨진 한 영혼, 한 사역, 한순간도 소홀히 하지 않고 책임 있게 감당하려는 태도, 이것이 바로 진짜 믿음이며, 그 믿음은 반드시 행동으로 증명되어야 한다.

하나님은 주권적으로 일하시지만, 동시에 사람의 헌신과 순종을 통해 그 일을 이루신다. 그러므로 믿는다면, 행동해야 한다. 행동하되 철저히, 최선을 다해 행해야 한다. 그럴 때 하나님의 뜻 안에서 귀한 열매가 맺히며, 그 열매는 단순한 숫자가 아니라, 변화된 삶과 구원받은 영혼들로 드러난다. 믿음은 곧 삶이며, 그 삶은 반드시 뿌리내리고 열매 맺는다.

은사 목회

모든 사람에게는 저마다의 재능이 있다. 누군가는 말을 잘하고, 누군가는 손재주가 뛰어나며, 또 어떤 이는 섬세한 감각으로 타인을 돌보는 데 탁월하다. 이러한 능력은 결코 우연히 주어진 것이 아니다. 성경은 하나님께서 각 사람에게 은사를 주셨다고 분명히 말씀한다. 하나님은 공평하신 분이기에, 누구든지 예외 없이 그분으로부터 받은 은사가 있다.

로마서 11장 29절은 이렇게 말씀한다.

"하나님의 은사와 부르심에는 후회하심이 없느니라."

하나님께서 각 사람을 향해 계획하고 주신 은사는 변하지 않으며, 그것을 거두어 가시는 일도 없다. 우리가 그 은사를 깨닫고 감사함으로 받아들이는 순간, 하나님께서 예비하신 길이 열리기 시작한다. 억지로 남을 흉내 내거나 따라가려 하지 않아도 된다. 주신 대로, 있는 그대로 순종하며 살아갈 때, 우리의 삶은 하나님의 뜻 안에서 조화를 이루게 된다.

나 또한 그러한 믿음 안에서 살아가려고 노력하고 있다. 나는 전형적인 촌사람으로, 여전히 사투리를 쓴다. 도시적인 세련됨은 부족할지 몰라도, 투박하고 진솔한 방식으로 목회하고 있다. 시골 출신이라는 배경도, 때로는 약점처럼 보일 수 있는 모습들도 감추지 않는다. 오히려 하나님께서 주신 그대로를 드러내고, 그것을 사랑하려 한다. 그것이 곧 우리를 창조하신 하나님의 손길이며, 존재를 통해 이루시려는 하나님의 섭리이기 때문이다.

하나님께서 주신 모든 것, 곧 외모, 성격, 말투, 배경, 경험 등이 결국 하나님 나라를 세우는 도구임을 믿는다. 그렇기에 우리는 우리 자신과 관련된 모든 것을 받아들이고 감사할 수 있다. 은사 목회란 바로 그런 삶이다. 하나님이 주신 것을 있는 그대로 감사하며, 그것을 통해 기쁨으로 섬기고 봉사하는 목회다.

이 시대 목회자들은 종종 비교와 경쟁 속에서 자신의 모습을 잃기 쉽다. 그러나 은사 목회는 다시금 묻는다.

"하나님께서 네게 주신 은사는 무엇인가?"

"그 은사를 어떻게 기쁨으로 사용할 것인가?"

우리는 다른 사람처럼 될 필요가 없다. 하나님은 각 사람을 다르게 지으셨고, 각자에게 필요한 은사를 다양하게 주셨기 때문이다.

하나님의 은사 위에 굳게 서서 받은 것을 감사함으로 붙잡고 살아간다면, 목회와 삶은 억지스러움이 아니라 자연스러운 열매를 맺게 된다. 그 속에서 진정한 자신감과 평안이 흘러나오게 된다. 은사 목회란 자기 자신으로 살아가되, 하나님 안에서 살아가는 것이다. 그것이야말로 하나님을 영화롭게 하고, 이웃을 살리는 길이다.

목회 철학의 현실 적용

〈살림목회연구원 소개〉

원훈

"하나님이 자기의 독생자를 세상에 보내심은 그로 말미암아 우리를 살리려 하심이라"(요일 4:9).

목적

포도원교회와 김문훈 목사의 〈교회 회복, 예배 회복, 가정 회복, 삶의 회복〉을 통해 '살리는 목회'(살림 목회)에 부어 주신 하나님 은혜와 사랑의 나눔을 통해, 교단을 초월하여 한국 교회와 한인 디아스포라를 중심한 세계 교회를 섬기는 데 있다.

사역 방향

1. 예배의 회복 - 교회를 살리는 사역(요 4:24)

하나님은 인생을 지으시되, 찬양과 예배를 받으시기 위해 지으셨다. 예배는 우리의 전 인생을 살리고도 남음이 있다. 한 사람이 예배에 성공하고 있다면, 그는 승리의 삶을 살고 있는 것이 될 것이고, 만일에 예배에 실패하는 삶을 살아가고 있다면 그는 이미 실패한 미래를 살고 있는 인생이 되고 말 것이다. 우리의 인생에 최고의 우선순위는 하나님을 사랑하는 것이다. 그 하나님을 사랑하는 최고의 표현은 예배이다. 그러므로 인생의 회복과 축복을 위해서는 가장 먼저 예배의 승리자가 되어야 한다. 모든 삶의 회복과 축복은 바로 거기서 시작하고 출발하기 때문이다. 예배의 회복은 곧 교회의 회복을 의미한다. 참된 예배자가 있는 곳에 하나님의 임재가 머물고, 하나님의 임재가 충만한 그곳이 부흥과 회복을 맛보는 교회가 되는 것이다.

2. 가정의 회복 - 가정을 살리는 사역(시 128편)

창조주 하나님은 모든 만물을 지으시고 에덴에 처음 사람 아담과 하와를 부부로 짝지어 가정을 만드셨다. 그러므로 가정은 하나님이 창조하신 신적 기관이다. 하나님은 처음 가정을 창조하시고 생육·번성의 복을 명하셨고 아담 부부는 하나님이 복 주신 가정을 거룩하고 아름답게 가꿔 나갔다. 그러므로 죄가 없던 에덴의 첫 가정은 곧 가정이면서 교회였다. 그러나 이 가정에 죄가 들어옴으로 교제와 생명과 기업의 상실을 맛보게 된다. 이것을 회복하는 길이 무엇인가? 하나님을 섬기고 영광 돌리는 예배의 영광을 가정이 회복하는 것이다. 시편 128편과 같이 여호와 하나님을 섬기면서 하나님의 말씀에 따라 조화를 이루고 주님의 통치를 받는 가정이다. 성경적인 가정관, 결혼관, 자녀 교육에 대한 기독교적 관점을 정립시켜 세상 속에서 크리스천 가정의 사명을 온전히 세워 가는 일을 감당하게 될 것이다.

3. 삶의 회복 - 영혼과 삶을 살리는 사역(창 1:28; 대하 7:14)

교회와 예배가 회복되고, 가정이 회복되면, 기업이 회복되어야 한다. 균형 잡힌 신앙의 인격은 항상 하늘과 땅이 연결되어 있는 삶이지, 결코 분리적일 수 없다. 목회의 현장도 다양한 삶의 환경들에 대한 해답을 요청받는다. 성경에 있어서 땅은, 기업을 의미한다. 기업이란, 실제 이스라엘 백성들이 거주한 땅이기도 하지만 신약 시대의 교회인 우리들에게는 하나님께서 자기 백성에게 주시는 풍성한 축복을 의미하는 것이다. 삶의 현장 속에서 그 은혜와 복을 누리며, 땅을 정복하고 다스리는 문화 명령(Cultural mandate)의 회복을 말한다.

사역 계획

- 한국 교회와 세계 한인 교회에 대한 연구 사역
- 심포지엄 개최, 도서 및 간행물 〈살림〉 발간
- 현실에 뿌리내린 목회 연구 및 초교파 실천 영역의 소개
- 웹사이트 제작 및 운영
- 실천 살림 목회 대상을 매년 선정하여 상금과 시상

로고 설명

로고 상세 이미지는 살림목회연구원 홈페이지를 참조하기 바랍니다.

- 전체 모양은 방주 모양의 교회입니다. 교회는 생명을 살리는 방주의 역할을 말합니다.
- 교회 위에 걸쳐진 사선들은 가시 면류관(Throne)을 의미합니다. 예수님이 가시 면류관을 쓰심으로 죄인을 살리고 구원하신 것처럼, 주의 몸 된 교회 위에 씌워진 가시 면류관은, 교회인 방주 안으로 들어오는 죄 된 인생을 회복하게 합니다.
- 가운데 붉은 바탕의 색은, 주님의 보혈의 은혜로 교회와 예배가 살아나는 회복을 의미합니다.
- 좌측의 푸른 빛은, 파란색이 행복을 상징하듯, 가정이 살아나는 회복을 의미합니다.
- 우측의 녹색 빛은 땅의 회복, 삶의 회복을 의미합니다.
- 흰색 문은 양의 문을 의미하는데, 방주 안으로 열고 들어오면 살아나고, 영생과 회복을 맛보게 됩니다.
- 예수님의 십자가 보혈의 은혜로 예배가 회복되면, 교회가 살고, 가정이 살고, 삶이 살아납니다.

2

목양십훈(牧羊十訓)
: 은혜의 외침

꿈은 하나님께서 우리 각 사람에게 주신 계획이며,
우리를 움직이는 위대한 동력이다.

꿈을 품어라

마틴 루터 킹 주니어(Martin Luther King Jr.)를 잘 모르는 사람이라도 "나에게는 꿈이 있습니다"(I have a dream)라는 그의 연설은 한 번쯤 들어 본 적이 있을 것이다. 그는 연설에서 이렇게 외쳤다.

나에게는 꿈이 있습니다. 조지아주의 붉은 언덕에서 노예의 후손들과 노예 주인의 후손들이 형제처럼 손을 맞잡고 나란히 앉게 되는 꿈입니다. 나에게는 꿈이 있습니다. 내 아이들이 피부색이 아니라 인격에 따라 평가받는 나라에서 살게 되는 꿈입니다.

이 연설은 1963년 워싱턴 행진 중에 한 것이며, 지금도 여전히 많은 사람에게 도전과 희망을 주고 있다. 그는 위대한 꿈을 꾸었고, 그 꿈을 사람들과 나누었으며, 그 꿈을 이루기 위해 자신의 삶을 바쳤다. 그리고 그가 품었던 인종 차별 없는 세상은 그의 희생을 바탕으로 현실이 되었다.

뛰어난 업적을 이룬 사람들에게는 공통점이 있다. 모두가 위대한 꿈을 품었다는 것이다. 포드(Ford) 자동차의 창립자 헨리 포드(Henry Ford)는 '모든 사람이 소유할 수 있는 자동차'를 꿈꾸었고, 애플(Apple)의 스티브 잡스(Steve Jobs)는 '개인이 사용하는 탁상용 컴퓨터'를 꿈꾸었다. 결국 그들의 꿈은 현실이 되었다.

성경에서 '꿈' 하면 떠오르는 대표적인 인물은 요셉이다. 창세기 37장에 보면 형제들이 요셉을 '꿈꾸는 자'라 부른다. 요셉은 하나님이 주신 꿈을 간직한 사람이었다. 그렇기에 남들과 다른 삶을 살았고, 그로 인해 미움을 받기도 했다. 창세기 37장 19-20절에서 형제들은 이렇게 말한다.

"꿈꾸는 자가 오는도다 자, 그를 죽여 한 구덩이에 던지고 우리가 말하기를 악한 짐승이 그를 잡아먹었다 하자 그의 꿈이 어떻게 되는지를 우리가 볼 것이니라."

하나님이 주신 꿈을 품고 살아가는 사람은 종종 외면당하거나 고난을 겪는다. 그러나 바로 그 외로움과 고난의 시간 속에서 오히려 하나님을 더욱 가까이 느끼게 된다. 꿈이 있기에 희망이 생기고, 절망 속에서도 낙심하지 않을 수 있다.

요셉은 애굽에 팔려 갈 때도 좌절하지 않았고, 보디발의 아내에 의해 누명을 쓰고 감옥에 갇혔을 때도 절망하지 않았다. 그는 꿈이 있었기에 포기하지 않았고, 긍정적으로 생각하며 하나님을 의지했다. 결국 그는 30세에 애굽의 총리가 되었다. 창세기 41장 40절에서 바로는 이렇게 말한다.

"너는 내 집을 다스리라 내 백성이 다 네 명령에 복종하리니
내가 너보다 높은 것은 내 왕좌뿐이니라."

이는 당시 최강대국의 실질적인 통치자가 되었다는 뜻이다. 또한 요셉은 기근으로 죽을 위기에 처한 자신의 가족을 살리게 된다.

꿈은 환상이 아니다. 꿈은 하나님께서 우리 각 사람에게 주신 계획이며, 우리를 움직이는 위대한 동력이다. 사람들 가운데 99퍼센트는 현재를 보고 미래를 예측하지만, 1퍼센트는 미래를 내다보며 지금 무엇을 해야 할지를 고민한다고 한다. 꿈

이 있는 사람은 바로 그 1퍼센트에 속하며, 결국 성공하는 사람이다.

꿈이 있으면 목표가 생기고, 목표가 생기면 구체적인 계획을 세울 수 있다. 꿈은 삶의 우선순위를 조정하는 기준이 되며, 시간을 어떻게 쓰고 무엇을 포기해야 하는지를 판단하게 해 준다. 꿈이 없는 삶은 방향 없는 항해와 같다.

예수님께서도 한적한 갈릴리 같은 작은 마을에서 사역하셨지만, 언제나 '하나님 나라'라는 큰 비전을 품고 계셨다. 그래서 말씀을 전하실 때나 병든 자를 고치실 때, 심지어 식사하실 때조차도 중심은 하나님 나라였다. 제자들을 부르고 훈련시키신 것도 하나님 나라를 확장하기 위함이었다. 헤롯에게 생명의 위협을 받을 때도 그분은 당신의 걸음을 멈추지 않으셨다. 오히려 그분은 이렇게 말씀하셨다.

"오늘과 내일은 내가 귀신을 쫓아내며 병을 고치다가 제 삼 일에는 완전하여지리라 하라 그러나 오늘과 내일과 모레는 내가 갈 길을 가야 하리니 선지자가 예루살렘 밖에서는 죽는 법이 없느니라"(눅 13:32-33).

예수님은 눈앞의 상황이 아니라 하나님이 주신 분명한 비전으로 매사를 바라보셨다.

나 역시 신학대학원을 졸업할 즈음, 앞으로의 사역을 두고 기도하던 중 고신대학교 의과대학에서 교목을 모집한다는 소식을 들었다. 마침 그때 큐티 중에 "보라 이제 나는 성령에 매여 예루살렘으로 가는데 거기서 무슨 일을 당할는지 알지 못하노라"(행 20:22)라는 말씀을 붙잡게 되었고, 그 말씀에 순종하여 지원하게 되었다. 그리고 이후 7년간 그곳에서 사역하게 되었다.

그곳에서 나는 의과대학생과 간호대학생들을 대상으로 제자 훈련과 성경 공부를 인도했다. 학생들이 수업과 실습으로 매우 바빴기에 일곱 개 팀으로 나누어 새벽마다 제자 훈련을 진행했다. 각 팀마다 교재가 달라 정신은 없었지만, 성경의 핵심을 빠르게 파악할 수 있었고, 다양한 전달 방식도 연구할 수 있었다. 무엇보다 가르치는 감각이 생겼으며, 한 영혼의 소중함과 제자 훈련의 중요성을 깊이 깨닫는 계기가 되었다.

또한 여러 청소년 집회를 인도하면서 꿈과 희망을 심어 주고 하나님의 비전을 나눌 수 있었다. 고등학교 시절 '청년들을 돕는 사람, 실질적인 도움을 주는 카운슬러가 되겠다'고 품었던 내 꿈은 그렇게 현실이 되었다.

마틴 로이드 존스(Martyn Lloyd Jones)는 이렇게 말했다.

하나님은 언제나 약속을 지키시며 언약을 결코 깨뜨리지 않으시는 신실하신 분이다(사 55:11). 그러므로 어떤 일이 일어나도 하나님의 신실하심을 확신해야 한다. 어떤 것도 하나님의 계획을 좌절시키거나 약속을 중지시킬 수 없으며, 당신을 향한 하나님의 목적을 변경시킬 수 없다.

하나님은 우리 각 사람을 향한 특별한 계획을 가지고 계신다. 그 사실을 믿고 꿈을 품을 때, 하나님은 그 꿈을 통해 우리를 이끌어 가신다.

열정으로 타올라라

스타벅스(Starbucks)는 사람들이 밥값보다 비싼 커피값을 기꺼이 지불할 만큼 전 세계적으로 사랑받는 브랜드다. 한때 한국에서는 스타벅스를 '된장녀의 상징'처럼 비하하는 시선도 있었지만, 그럼에도 불구하고 스타벅스 매장은 늘 사람들로 붐빈다.

오늘날 스타벅스를 글로벌 브랜드로 키운 인물은 창업자가 아니라, 경영자인 하워드 슐츠(Howard Schultz)다. 그는 처음 스타벅스를 방문했을 때, 바리스타가 정성껏 커피를 추출하는 모습과 매장을 가득 채운 강렬한 커피 향 그리고 깊고 풍부한 맛에 매료되었다고 한다. 그날 이후, 그는 스타벅스에 대한 생각을 머릿속에서 떨쳐 낼 수 없었다.

그러나 그가 스타벅스에 인생을 걸기로 결심한 것은 결코 쉬운 일이 아니었다. 당시 그는 연봉 7만 5천 달러를 받는 다국적 기업의 부사장 자리에 있었다. 그런 안정된 자리를 내려놓고 스타벅스를 위해 일하겠다는 결단은 큰 모험이었다. 그는 스타벅스 창업자를 찾아가 자신의 커피 사업에 대한 비전을 열정적으로 설명했다. 하지만 다음 날 거절 통보를 받았다. 당시 스타벅스는 큰 변화를 원하지 않았던 것이다.

그럼에도 슐츠는 포기하지 않았다. 그는 다시 전화를 걸어 자신의 커피에 대한 열정을 진심으로 털어놓았고, 결국 스타벅스에 합류하게 되었다. 만약 첫 번째 거절에 좌절해 물러섰다면, 오늘날의 스타벅스는 존재하지 않았을 것이다.

슐츠는 이렇게 말했다.

우리는 주위로부터 인생의 쉬운 길을 선택하라는 압력을 받으며 살아간다. 하지만 진정으로 자신과 꿈을 믿는다면, 그 꿈을 위해 무엇이든 해야 한다. 위대한 일은 결코 우연히 이루어지지 않는다.

그의 말은 리더에게 필요한 중요한 덕목 중 하나가 '열정'임을 일깨워 준다.

꿈이 있다면, 그것을 이루기 위해 몸이 부서질지라도 포기하지 않겠다는 각오와 노력이 필요하다. 열정은 바로 그러한 결심과 헌신의 에너지이며, 실패하고 쓰러질지라도 다시 일어설 수 있게 하는 힘이다.

"구슬이 서 말이라도 꿰어야 보배다"라는 속담이 있다. 아무리 좋은 것이라도 사용하지 않으면 소용이 없다는 뜻이다. 뛰어난 능력을 가졌어도 아무 일도 하지 않으면 결국 별 볼 일 없는 사람이 되고 만다. 아무리 좋은 계획을 세워도 실천하지 않으면 아무 일도 이루어지지 않는다. 보배가 되려면 구슬을 모아야 하고, 구슬을 모으려면 그만큼의 시간과 수고, 땀이 필요하다. 스스로 노력하고 발품을 팔아 구슬을 모을 때 비로소 진정한 보배를 만들 수 있다.

마이크로소프트(Microsoft)의 전 CEO 빌 게이츠(Bill Gates)도 열정적인 일벌레로 유명하다. 그는 "아침에 눈을 뜰 때, 오늘 내가 하게 될 일이 인류의 삶을 변화시킬 것이라고 생각하면 가슴이 벅차고 에너지가 솟는다"라고 말했다. 그는 매주 72시간 이상 일했으며, 어떤 주에는 90시간 이상 일하기도 했다. 하루 18시간씩 일한 셈이다. 잠자는 시간을 제외하면, 그의 삶은 거의 일로 채워져 있었다고 해도 과언이 아니다. 이미 평생 써도 다 못 쓸 재산을 가진 사람이었지만, 그는 늘 새로운 꿈을 꾸며 열정적으로 일하는 사람이었다.

리더가 열정적이어야 따르는 사람들도 함께 열정을 갖게 된다. 열정은 전염성이 있기 때문이다. 자신이 하는 일에 애정을 가지고 전심으로 몰입하는 리더를 보면, 그를 따르는 사람들도 자연스럽게 그 일에 마음을 쏟게 된다. 그러면 일에 대한 애정이 생기고, 더 잘해 보려는 욕심이 생기게 된다. 그렇게 고민하고 몰두하다 보면 남들과 다른 창의적인 아이디어가 생기고, 그 아이디어는 성과로 이어진다. 일에 대한 자신감도 커지고, 결국 더 큰 성과로 연결되는 선순환이 시작된다.

잭 웰치(Jack Welch)는 성공한 사람들의 공통된 특징으로 '열정'을 꼽았다. 그는 "세상에 너무 사소해서 땀 흘릴 가치가 없는 일은 없다. 그리고 실현되기에는 너무 큰 꿈이라는 것도 존재하지 않는다"라고 말했다.

하나님께서는 우리 각자에게 소망을 주시고, 특별한 계획을 준비해 두셨다. 그런데 우리가 미지근하게 대충 살아간다면, 하나님이 준비하신 놀라운 축복을 누릴 수 없다. 하나님은 우리에게 새 힘을 주겠다고 약속하신 분이다. 지치고 쓰러지고 열정이 식었더라도 하나님께 구하면, 다시 힘을 주시고 마음의 소원을 불러일으켜 주실 것이다.

"너는 알지 못하였느냐 듣지 못하였느냐 영원하신 하나님 여호와, 땅끝까지 창조하신 이는 피곤하지 않으시며 곤비하지 않으시며 명철이 한이 없으시며 피곤한 자에게는 능력을 주시며 무능한 자에게는 힘을 더하시나니 소년이라도 피곤하며 곤비하며 장정이라도 넘어지며 쓰러지되 오직 여호와를 앙망하는 자는 새 힘을 얻으리니 독수리가 날개 치며 올라감 같을 것이요 달음박질하여도 곤비하지 아니하겠고 걸어가도 피곤하지 아니하리로다"(사 40:28-31).

긍정적으로 생각하라

세상은 하루가 다르게 변화하고 있다. 심지어 쌍둥이 사이에서도 세대 차이를 느낀다고 할 정도다. 이런 시대를 살아가는 리더는 종종 위기의 순간을 마주하게 된다. 그 위기를 어떻게 바라보고, 또 어떻게 대처하느냐에 따라 리더의 자질이 드러난다. 많은 사람이 위기를 만나면 낙심하거나 포기하지만, 진정한 리더는 그 순간에도 현실을 직시하고, 긍정적인 자세로 낙심한 이들을 끌어올린다.

영국에서는 7세에서 14세 학생들에게 성적표를 줄 때 '낙제'를 뜻하는 F 대신 'N'을 쓴다고 한다. 이는 'Nearly'의 약자로, 아직 완벽하지는 않지만 목표에 거의 도달했다는 뜻이다. 수학 과목에서도 '맞다'(Correct)와 '틀리다'(Incorrect) 대신 '믿을 만하다'(Creditworthy)와 '믿을 만하지 않다'(Not Creditworthy)라는 표현을 사용한다. 학생들에게 긍정적인 가치관을 심어 주기 위한 교육적 배려라 할 수 있다. 이처럼 긍정적인 생각은 삶에 큰 영향을 미친다.

미국의 커뮤니케이션 이론가 폴 G. 스톨츠(Paul G. Stoltz) 박사는, 미래 사회에서는 지능 지수(IQ)나 감성 지수(EQ)보다 '역경 극복 지수'(AQ, Adversity Quotient)가 높은 사람이 더 성공할 것이라고 주장했다. 역경 극복 지수란, 어려움을 이겨 내고 끝까지 도전하여 목표를 달성하는 능력을 뜻한다. 변화가 일상처럼 다가오는 이 시대에는 지능이나 감성보다 위기를 극복하는 내면의 힘이 더 중요한 자질이 되는 것이다.

포스코경영연구소가 우수한 CEO들을 분석한 결과에서도 폴 G. 스톨츠 박사의 주장이 입증되었다. 장기간에 걸쳐 기업을 성공적으로 이끈 전문 경영인 서른 명의 스타일을 분석한 결과, 가장 큰 공통점은 바로 '위기 상황에 대처하는 능력'이었다. 위기에 처했을 때 어떤 리더십을 발휘하느냐가 장기적인 성과와 직결된다는 것이다.

그러므로 위기 자체를 지나치게 두려워하거나 스트레스를 받을 필요는 없다. 위기를 또 다른 기회로 바라본다면, 그것은 더 이상 위기가 아니다. 기회를 보려면 능동적이고 긍정적인 자세를 갖추어야 하며, 그러한 자세야말로 위기의 본질을 꿰뚫고 대안을 찾아낼 수 있게 한다.

제2차 세계대전 중, 미국의 전차 부대 지휘관이었던 크레이턴 에이브럼스(Creighton Williams Abrams Jr.)는 적에게 포위되어 완전히 고립되었다는 보고를 받았다. 대부분의 병사가 낙심하고 의욕을 잃은 상황에서, 그는 "전쟁이 시작된 이래 처음으로 우리는 사방을 공격할 수 있는 절호의 기회를 맞이했다"라고 말했다. 결국 그의 긍정적인 사고와 용기는 승리로 이어졌다. 이처럼 리더가 어떻게 생각하느냐가 곧 조직 전체의 운명을 바꾸는 것이다.

절망적인 상황을 극복하기 위해서는 각고의 노력도 필요하다. 많은 기업가가 위기 상황에서 성공과 실패의 갈림길에 서게 되는데, 이는 위기를 기회로 바라보느냐, 그렇지 않느냐 하는 사고방식의 차이 때문이다.

해외 선교의 지평을 연 윌리엄 캐리(William Carrey)도 그러한 예 가운데 하나다. 인도 선교사로 사역하던 중, 그가 출타한 사이 사무실에 불이 나서 수년간 고생하며 만든 사전, 문법책, 성경 번역본들이 모두 소실되었다. 누구라도 절망할 상황이었지만, 그는 오히려 하나님께서 여전히 자신에게 일할 수 있는 힘을 주신 것을 감사하며 다시 시작했다. 그 결과, 그는 이전보다 더 위대한 업적을 남길 수 있었다.

위기를 극복한 후에도 또 다른 위기를 대비하는 자세가 필요하다. 성공은 멈추어 있는 상태가 아니라, 늘 진행 중인 과정이다. 성공에 안주하면 더 이상의 발전은 기대하기 어렵다는 사실을 명심해야 한다.

성경은 이렇게 말씀한다.

"내게 능력 주시는 자 안에서 내가 모든 것을 할 수 있느니라"(빌 4:13).

긍정적인 생각은 하나님의 능력을 신뢰하는 데서 비롯된다. 그것이야말로 리더의 가장 강력한 무기다.

약점을 강점으로 만들라

오늘날은 무엇보다도 차별화와 특성화가 생존의 관건이다. 단순히 좋은 제품만으로는 살아남기 어렵다. 소비자들은 더 이상 제품 자체가 아니라 브랜드를 선택하고 구입한다. 제품의 품질이 비슷비슷해진 상황에서, 브랜드 이미지가 구매 결정에 큰 영향을 미치기 때문이다. 그래서 대기업들은 브랜드 매니저를 두고, 브랜드의 정체성과 이미지를 철저히 연구하여 마케팅 전략에 적극적으로 활용한다.

이러한 브랜드 전략을 인간에게 적용해 본다면, 모든 사람은 'made in heaven', 곧 하나님께서 창조하신 존재다. 하나님이 지으신 인간에게는 결코 하자나 불량품이 있을 수 없다. 다만 각 사람에게 주신 은사와 달란트가 다를 뿐이다. 그것을 어떻게 계발하고 활용하느냐가 곧 개인의 브랜드 전략이라 할 수 있다.

목회도 마찬가지다. 나는 시골에서 자랐다는 사실을 한때 약점으로 여겼으나, 오히려 그것을 강점으로 삼아 목회에 활용했다. 대부분의 사람이 표준어를 쓰려 하지만, 나는 사투리에 담긴 정감과 진솔함을 나만의 개성으로 삼았다. 결국 "가장 나다운 것이 가장 세계적인 것"이라는 말처럼, 자기다움을 지킬 때 자존감도 회복되고 은사도 더욱 빛나며, 하나님의 축복도 누리게 된다.

성공한 사람들의 공통된 특징은 자신감이다. 그들의 얼굴은 언제나 밝고, 몸짓에는 당당함이 묻어난다. 문제가 생겨도 피하지 않고, '나는 할 수 있다'는 태도로 정면 돌파를 시도한다. 이러한 태도는 결국 성과로 이어지고, 그 성과는 다시 자신감을 키워 준다.

하나님의 형상대로 지음 받은 자신의 모습을 정확히 알고, 그에 맞게 살아가는 것이 곧 참된 성공이다. 다시 말해, 성공이란 하나님이 주신 축복을 온전히 감당하는 삶이다. 그러나 많은 사람은 자신의 약점과 부족함에만 집중한 나머지 자신감을 잃고, 주위의 평가에 위축되어 하나님이 준비하신 축복마저 누리지 못한다.

특히 목회자들에게는 겉으로는 드러나지 않지만, 내면 깊숙이 자리한 다양한 열등감이 있다. 숫자에 대한 열등감, 설교에 대한 부담, 인간관계의 어려움 등은 목회자를 점점 짓누르고 결국 자포자기하게 만든다. 이는 무의식중에 스스로 만든 한계에 걸려 넘어진 것과 같다.

호아킴 데 포사다(Joachim de Posada)는 《피라니아 이야기》(시공사 역간)에서 부정적인 감수성에 대해 말했다. 주변 사람의 한마디, 표정 하나에 흔들린다면 아무리 작은 목표라도 끝까지 나아갈 수 없다. 다른 사람의 평가에 주눅 들지 않고, 자존심과 자부심을 높이 유지하는 것이 중요하다. 지능이나 재능, 학벌의 차이는 있을 수 있지만, 모든 사람은 위대해질 수 있는 가능성을 가지고 있다. 결국 중요한 것은 자신을 긍정적으로 바라보는 태도다.

나 역시 처음에는 사투리 때문에 고민하며 위축되었다. 그러나 열정적으로 설교에 임하다 보니 그것이 오히려 나만의 스타일이 되었고, 듣는 이들에게는 친근하게 다가가는 힘이 되었다. 교회는 급속히 성장했고, 나는 자신감을 얻게 되었다. 결국 중요한 것은 누군가를 흉내 내는 것이 아니라, 하나님께 받은 나의 것으로 나답게 살아가는 것이다.

"여호와께서 사무엘에게 이르시되 그의 용모와 키를 보지 말라 내가 이미 그를 버렸노라 내가 보는 것은 사람과 같지 아니하니 사람은 외모를 보거니와 나 여호와는 중심을 보느니라 하시더라"(삼상 16:7).

실패를 두려워하지 말라

성공하고자 하는 열망은 누구에게나 있다. 목회든, 사업이든, 공부든, 정치든, 어느 영역에서든 성공을 원하는 것은 인간의 자연스러운 소망이다. 그러나 많은 경우 다른 사람의 성공을 진심으로 기뻐하지 못하고 시기하거나 헐뜯기도 한다. 흔히 말하는 "사촌이 땅을 사면 배가 아프다"라는 속담이 여전히 통용되는 이유다.

하지만 겉으로 보이는 성공 뒤에는 남모를 눈물과 고통이 숨어 있다. 세상의 이목을 받는 성공한 사람들조차 고통의 시간을 지나온 경우가 많다. 예를 들어, 메이저리그의 전설적인 선수 베이브 루스(Babe Ruth)는 714개의 홈런을 날린 '홈런왕'으로 기억되지만, 동시에 1,330번이나 삼진을 당한 선수이기도 하다. 그는 포수로 시작해 투수, 다시 타자로 포지션을 옮기며 끊임없이 도전하고 최선을 다했다. 바로 그 땀과 끈기와 노력이 그를 메이저리그 최고의 선수로 만든 것이다.

정신과 의사 폴 투르니에(Paul Tournier)는 "우리 안에는 무한한 가능성이 있지만, 실패에 대한 두려움이 그것을 가로막고 있다"라고 말했다. 실패할지도 모른다는 두려움을 이겨 내지 못하면, 우리는 제자리에 머물 수밖에 없다. 아무리 천부적인 재능을 타고났다 해도, 도전하거나 노력하지 않으면 소용이 없다.

발명왕 에디슨(Thomas Alva Edison)은 전구를 발명하는 과정에서 무려 9,999번 실패했다. 친구가 만 번째 시도에 대해 묻자, 그는 "나는 실패한 것이 아니라, 이 방식은 안 된다는 사실을 알게 된 것뿐"이라고 답했다. 그의 인생에는 실패라는 개념이 없었다. 오직 배움과 성공의 경험만이 있을 뿐이었다.

결국 성공한 사람과 그렇지 못한 사람의 차이는 실패 앞에서 어떻게 반응하느냐에 달려 있다. 실패를 두려워하지 않고 디딤돌로 삼는 사람만이 진정한 성공을 이룰 수 있다. 실패는 바느질할 때 쓰는 말이고, 포기는 배추를 셀 때 쓰는 말이라는 우스갯소리처럼, 실패는 누구나 경험하지만, 포기하지 않는 것이 중요하다.

1979년, 미국의 조사에서 가장 존경받는 인물 1위는 예수님, 2위는 링컨(Abraham Lincoln) 대통령이었다. 그는 남북전쟁을 승리로 이끌고 노예를 해방한 위대한 인물이지만, 그의 삶은 수많은 실패와 아픔의 연속이었다. 크고 작은 선거에서 일곱 번이나 낙선했고, 두 번의 사업 실패로 생긴 빚을 갚는 데 17년이 걸렸다. 사랑하는 이들도 여러 명 떠나보냈다. 그러나 그는 하나님을 원망하지 않았고, 성경을 가까이하며 늘 긍정적인 마음으로 살아갔다.

링컨이 존경받는 인물이 된 것은 단지 업적 때문만이 아니다. 끊임없는 실패를 딛고 일어선 그의 인간 승리의 모습 때문이다. '양복 입은 람보'라 불린 앨버트 던랩(Albert Dunlap)은 "실패한 적 없는 사람은 아무 일도 하지 않은 사람일 뿐이다"라고 말했다. 무엇이든 처음부터 잘하는 사람은 드물다. 중요한 것은 실패 속에서도 다시 일어나는 것이다.

믿음의 사람은 실패를 인생의 끝으로 보지 않는다. 오히려 벼랑 끝에서 하나님께서 주실 날개를 기대하며 나아간다. 길이 막힌 곳에서 하나님은 새로운 길을 여신다. 환난 가운데서도 넘치는 기쁨을 주신다. 그 말씀을 붙들고 나아갈 때, 성공은 자연스러운 열매로 따라오게 된다.

"환난의 많은 시련 가운데서 그들의 넘치는 기쁨과 극심한 가난이 그들의 풍성한 연보를 넘치도록 하게 하였느니라"(고후 8:2).

영적인 감각을 유지하라

사도행전 13장 22절은 다윗에 대해 "내 마음에 맞는 사람이라 내 뜻을 다 이루리라"라고 말씀한다. 다윗은 영적인 감각이 탁월한 사람이었다. 성경이 그를 '하나님의 마음에 맞는 사람'이라고 표현한 이유도 여기에 있다. 그의 이름 '다윗'은 '극진히 사랑받는 자'라는 뜻이며, 그는 그 이름처럼 하나님의 사랑을 넘치게 받은 인물이었다. 그의 혈통에서 예수 그리스도께서 나셨고, 신약성경에서도 무려 57번이나 그의 이름이 언급된다.

그러나 다윗도 연약함을 지닌 인간이었다. 수많은 죄를 범했으나, 죄를 깨달을 때마다 그것에 굴복하지 않고 하나님의 은혜를 의지해 담대히 회개하며 하나님 앞에 나아갔다. 그는 사람의 시선을 의식하지 않고 오직 하나님만 바라보았으며, 자신의 영광이 아니라 하나님의 영광을 우선시했다.

골리앗이 하나님의 이름을 모욕할 때 분노하며 자신의 생명을 아끼지 않고 싸움에 나섰던 모습이 그 단적인 예다. 또 시므이의 저주 앞에서 분노하거나 감정적으로 대응하지 않고 오히려 자신을 돌아보는 회개의 기회로 삼았던 장면에서도 그의 겸손함과 영적인 깊이를 확인할 수 있다.

이처럼 영적 리더는 무엇보다 영적인 감각을 유지해야 한다. 이 감각은 한번 둔해지면 다시 회복하기가 쉽지 않다. 하나님과의 영적 주파수가 맞아야, 곧 하나님과의 교통이 있어야 우리의 뜻이 하나님의 뜻이 되고, 우리가 행하는 일이 하나님이 원하시는 일이 될 수 있기 때문이다.

OMF(해외선교회) 이사였던 오스왈드 샌더스(John Oswald Sanders)는, "영적 리더십의 다른 자질들은 요망 사항이지만, 성령 충만은 필수 조건이다"라고 강조했다. 그렇다면 우리는 어떻게 영적인 감각을 최상의 상태로 유지할 수 있을까? 해답은 말씀과 기도에 있다.

먼저 말씀을 가까이하는 삶이 기본이다. 말씀 안에 길이 있고, 답이 있으며, 해결책이 있기 때문이다. 말씀을 가까이하는 가장 쉬운 방법은 바로 말씀 묵상(QT)이다. 송인규 교수는《나의 주 나의 하나님》(IVP)에서 "우리는 영적 건망중이 있어서 하나님의 선하심, 살아 계심, 기도 응답하심, 인도하심 등을 자주 잊어버린다. 하지만 매일 하나님과의 약속을 되새기면 불신과 불평, 영적 무감각에서 해방될 수 있다"라고 말했다.

그러므로 말씀 묵상은 매일, 계속해서, 끊임없이 지속되어야 한다. 하루를 살아가며 순간마다 말씀을 떠올리고 마음에 새기며, 말씀의 거울 앞에 우리 자신을 비추어 보아야 한다. 말씀의 등불을 들고 있을 때 비로소 무엇을 해야 할지, 어떤 선택을 해야 할지 분별할 수 있다. 그때 성경은 단순한 책이 아니라, 지금 이 순간 우리에게 주시는 하나님의 말씀이 된다.

"복 있는 사람은 악인들의 꾀를 따르지 아니하며 죄인들의 길에

서지 아니하며 오만한 자들의 자리에 앉지 아니하고"(시 1:1).

말씀에 따라 바르게 걸어갈 때 복은 찾아오며, 그 복은 쌓이게 된다.

세계적인 사업가 존 록펠러(John Davison Rockefeller)는 평생 말씀을 가까이했던 사람이다. 시력이 약해진 노년에는 성경을 읽어 주는 사람을 고용할 정도였다. 성경은 하나님의 감동으로 된 살아 있는 말씀이다. 날마다 읽고 묵상하면 하나님의 뜻을 분별할 수 있으며, 하나님과 더욱 친밀한 교제를 나누게 된다. 이처럼 말씀 속 하나님을 '나의 하나님'으로 인격적으로 만날 때, 영적인 감각은 깨어 있게 된다.

"오직 여호와의 율법을 즐거워하여 그의 율법을 주야로 묵상하는도다"(시 1:2).

다음으로 중요한 것은 기도다. 기도의 모범적인 인물 역시 다윗이다. 그는 모든 상황 속에서 하나님께 맡기고 감사하며 찬양했다. 시편에 기록된 수많은 기도는 그가 실제로 하나님께 올린 고백들이다.

기도는 거창한 형식이나 언어가 아니라, 하나님과의 대화다. 다윗은 결정을 내리기 전에도, 문제를 만났을 때도, 죄를 지었을 때도, 자식이 병들었을 때도, 원수들이 몰려올 때도 언제나 하나님께 물으며 의지했다. "다윗이 여호와께 묻자와 이르되"(삼상 23:2, 30:8)라는 표현이 반복되는 것을 보더라도, 그는 삶의 모든 영역에서 기도로 하나님의 인도를 구했음을 알 수 있다.

리더는 많은 업적을 요구받는 자리이기에 자기중심으로 흘러가기가 쉽다. 그러나 예수님께서도 "기도 외에 다른 것으로는 이런 종류가 나갈 수 없느니라"(막 9:29)라고 말씀하셨듯, 기도를 통해서만 영적인 능력이 나타난다.

특히 나는 새벽 기도를 매우 소중히 여긴다. 하루 중 가장 맑고 고요한 시간이기 때문이다. 주일에 여섯 번의 설교와 회의로 자정을 넘기더라도, 다음 날 새벽에는 반드시 예배당에 선다. 집회가 끝나고 새벽 2-3시에 돌아오더라도 마찬가지다. 새벽은 하나님을 만나는 시간이요, 하루의 첫 시간을 하나님께 드리는 것은 그날을 믿음으로 살아가겠다는 고백이다.

믿음의 조상 아브라함과 모세, 야곱, 기드온, 여호수아는 모두 새벽형 신앙인이었다. 다윗은 "내가 날이 밝기 전에 부르짖으며 주의 말씀을 바랐사오며 주의 말씀을 조용히 읊조리려고 내가 새벽녘에 눈을 떴나이다"(시 119:147-148)라고 고백했다. 예수님께서도 '새벽, 아직도 밝기 전에' 한적한 곳으로 가서 기도하셨다. 기도의 중요성을 아셨기에 늘 시간을 구분하여 하나님과 깊은 교제를 나누셨던 것이다.

이처럼 말씀과 기도를 통해 하나님과의 영적 교제가 깊어질 때, 우리의 영적 감각은 더욱 민감해지고, 하나님의 뜻에 반응하며 살아갈 수 있다. 영적인 리더십의 본질은 바로 이 하나님과의 끊임없는 연결에 있다.

일가(一家)를 이루라

'일가'는 가정이요, 공동체이며, 하나님 나라를 이루는 씨앗이다. 일가는 단순한 혈연 집단이 아니다. 그것은 곧 김용기 장로의 호(號)이기도 하며, 그의 생애와 정신이 대한민국 근현대사의 영적 이정표가 된 이름이다. 그는 가나안농군학교를 세우고, 가난과 무지 속에서 신앙과 노동, 절제와 공동체 정신을 가르치며 한 시대를 일으킨 거룩한 씨앗이 되었다. 그 정신은 새마을운동으로 확산되었고, 대한민국의 산업화와 '한강의 기적'으로 이어졌다. 양복과 구두를 평생 입어 본 적 없는 그는 국민복과 고무신 차림으로 논밭을 일구며 산 증인이 되었고, 말보다 삶으로 교훈을 남긴 사람이었다.

그러나 오늘 우리는 또 다른 황폐함 속에 살고 있다. 코로나 팬데믹을 지나며 인간관계는 단절되고, 삶의 방향은 혼돈에 빠졌다. 좌절과 고통 속에서, 쓰러진 자리에서 우리는 하루하루를 버티며 살아가고 있다. 이는 마치 '백척간두의 위기'와 '풍전등화의 위태로움' 그리고 '천신만고의 고난 주간'을 통과하는 것과 같다.

이럴 때 성경은 이렇게 말씀한다.

"그중에 십분의 일이 아직 남아 있을지라도 이것도 황폐하게 될 것이나 밤나무와 상수리나무가 베임을 당하여도 그 그루터기는 남아 있는 것 같이 거룩한 씨가 이 땅의 그루터기니라 하시더라"(사 6:13).

비록 무너지고 베임을 당해도, 하나님은 '그루터기'를 남기신다. 그것이 '일가'의 시작점이다.

믿음의 사람들은 미약한 시작으로부터 창대한 결실을 이루었다.

"네 시작은 미약하였으나 네 나중은 심히 창대하리라"(욥 8:7).

아브라함 한 사람으로 시작된 하나님의 언약은 수많은 후손을 낳았고, 이삭은 "창대하고 왕성하여 마침내 거부가"(창 26:13) 되었으며, 야곱은 열두 지파를 이루었다. 일가는 이렇게 시작되며, 이는 하나님께서 심으신 포도나무가 아름다운 포도원을 이루는 것과 같다(사 60:21).

이사야는 또한 선포한다.

"그 작은 자가 천 명을 이루겠고 그 약한 자가 강국을 이룰 것이라 때가 되면 나 여호와가 속히 이루리라"(사 60:22).

하나님 나라의 원리는 겨자씨와 같다. 작고 보잘것없지만, 땅에 떨어져 죽을 때 백 배의 열매를 맺는다. 우리가 '일가를 이루라'는 부르심에 응답할 때, 역사는 시작된다.

일가는 그리스도의 형상을 닮은 사람들이 모여 이루는 믿음의 공동체다. 이는 단순히 집안을 일구는 것을 넘어, 복음의 계보를 잇는 영적 족보를 세우는 일이다. 밤이 깊고 낮이 가까웠다(롬 13:12). 우리는 어둠의 일을 벗고 빛의 갑옷을 입어야 한다. 그리스도의 빛을 받아 사는 인생은 새벽을 기다리는 자요, 봄날의 햇살처럼 은혜를 나누는 존재가 된다.

엘리야, 다윗, 에스더, 라합, 룻, 삭개오, 디모데… 이들은 모두 주변부 인생이었으나, 하나님은 그들을 불러 일가를 이루게 하셨다. 이스라엘은 애굽의 노예였으나, 하나님은 그들을 왕 같은 제사장, 거룩한 나라, 당신의 소유 된 백성으로 삼으셨다 (출 19:6; 벧전 2:9). 우리 또한 이 정체성을 품고 살아야 한다.

"그런즉 너희는 먼저 그의 나라와 그의 의를 구하라 그리하면 이 모든 것을 너희에게 더하시리라"(마 6:33).

'일가를 이룬다'는 것은 곧 하나님 나라를 이루는 출발점이다. 우리 자신부터 시작하여 가정을 변화시키고, 지역을 변화시키며, 하나님의 영광을 이 땅에 드러내는 족보를 써 내려가는 일이다. 이제 다시 뿌리내릴 때이다. 그루터기는 아직 남아 있다. 거룩한 씨가 그 안에 있다. 그 씨가 싹을 틔우고, 포도나무를 이루며, 영원한 나라의 열매를 맺을 것이다. 그러므로 오늘 우리에게 주어진 부르심은 분명하다.

"일가를 이루라."

믿음의 족보를 세우고, 영광의 역사를 새기라. 그 작은 시작을 통해 하나님은 큰일을 이루실 것이다. 그날이 속히 올 것이며, 그때 우리는 하나님의 영광의 도구가 될 것이다.

게으름을 경계하고 부지런하라

한동안 사이쇼 히로시(稅所弘)의 《아침형 인간》(한스미디어 역간)이라는 책이 많은 사람의 주목을 받은 적이 있다. 이 책의 핵심은, 아침 시간을 잘 활용하는 것이 인생의 여러 목표, 곧 직업적 성공, 부의 축적, 건강, 균형 잡힌 삶을 이루는 지름길이라는 것이다. 하루 24시간은 모두에게 동일하게 주어지기에, 남들보다 일찍 하루를 시작하는 사람이 더 많은 것을 성취하는 것은 어찌 보면 당연한 일이다. 실제로 많은 성공한 인물이 '아침형 인간'이었다.

성공한 사업가 100명을 대상으로 조사한 바에 따르면, 그들은 일반인보다 평균 3시간이나 일찍 하루를 시작한다고 한다. 《영적 지도력》(요단출판사 역간)의 저자 오스왈드 샌더스는 "남들보다 일찍 일어나고 늦게 자며, 동시대 누구보다 열심히 일하고 공부할 각오가 없는 사람은 자기 세대에 감화를 줄 수 없다"라고 말했다.

'백화점왕'으로 불린 존 워너메이커(John Wanamaker)는 매일 새벽에 일어나 하루 계획을 철저히 세우고, 남들보다 30분 일찍 출근하여 업무를 시작했다. 시간을 얼마나 소중히 여기고 효율적으로 활용했는지를 보여 주는 대목이다.

우리나라 최대 정유사의 CEO였던 신헌철 사장도 다르지 않았다. 그는 취임 첫해에 사상 처음으로 1조 6천억 원의 영업 이익을 달성하며 업계를 놀라게 했고, 이후 3년 연속 1조 원 이상의 수익을 기록했다. 그는 늘 남들보다 먼저 움직이고 부지런히 뛰는 근면한 리더였다. 정유 판매 현장을 누비거나 통신사 간부로 재직할 당시에도 새벽까지 일하고 집에 들렀다가 바로 출근하는 일이 흔했다. 한때는 사무실에 간이 침대를 두고 업무와 휴식을 병행한 적도 있었다. 그의 부지런함은 누구보다 더 넓게 보고 더 멀리 내다볼 수 있는 원동력이 되었다.

부흥한 교회의 목회자들을 보아도 예외 없이 부지런함이 몸에 밴 사람들임을 알 수 있다. 천막 교회에서 시작하여 세계 최대 교회로 성장한 여의도순복음교회의 조용기 목사님은 49년간 3일 이상의 휴가를 사용한 적이 없고, 안식년도 가지지 않았다고 한다. 사역 초기에 전도 집회를 위해 지방에 갈 때는 기차 시간보다 2시간이나 일찍 역에 도착했고, 심방을 갈 때는 약속 시간보다 1시간이나 일찍 가서 성도를 당황하게 했다고 한다. 모든 일에 그만큼 치밀하고 성실했던 것이다.

성경은 반복해서 게으름을 경계하고 부지런할 것을 가르친다.

"게으른 자여 개미에게 가서 그가 하는 것을 보고 지혜를 얻으라"(잠 6:6).

"게으른 자여 네가 어느 때까지 누워 있겠느냐 … 좀 더 자자, 좀 더 졸자, 손을 모으고 좀 더 누워 있자 하면 네 빈궁이 강도같이 오며 네 곤핍이 군사같이 이르리라"(잠 6:9-11).

"손을 게으르게 놀리는 자는 가난하게 되고 손이 부지런한 자는 부하게 되느니라"(잠 10:4).

"너는 잠자기를 좋아하지 말라 네가 빈궁하게 될까 두려우니라 네 눈을 뜨라 그리하면 양식이 족하리라"(잠 20:13).

"부지런하여 게으르지 말고 열심을 품고 주를 섬기라"(롬 12:11).

사도 바울은 대표적인 부지런한 일꾼이었다. 그는 세 차례의 전도 여행을 통해 수많은 교회를 세웠고, 옥에 갇혀서도 예배와 전도를 쉬지 않았다. 유명세에 안주하여 자신의 사명을 다른 이에게 위임하지 않았으며, 오히려 자신이 감당해야 할 일을 끝까지 책임지고 수행했다.

예수님 또한 부지런히 일하셨다. 새벽에 일어나 기도하시고, 해가 질 때까지 사람들을 만나 고치고 가르치셨다(눅 4:40-44). 5천 명을 먹이신 날에도 제자들과 무리를 돌려보낸 뒤 홀로 산에 올라 기도하셨다(막 6:34-46). 풍랑 속에서도 깊이 잠들 만큼 지치고 피곤하셨으나, 하루의 일정을 철저히 감당하셨다.

시간 관리는 삶의 성취를 좌우한다. 1분, 2분도 허투루 흘려보낼 수 없다. '안랩'(AhnLab)의 설립자인 국회의원 안철수는 독서광으로 알려져 있다. 그는 학창 시절에 도서관 책을 전부 읽었으며, 걸어 다니면서도 책을 읽었다고 한다. 지금은 바빠서 따로 독서 시간을 내기 어렵지만, 엘리베이터를 기다리는 몇 분을 활용해 한 달에 한 권씩 책을 읽는다고 한다.

나 역시 캠퍼스 사역을 하던 시절, 의사와 간호사들을 제자 훈련하기 위해 밤 11시 이후에야 모임을 시작했다. 자연스레 평균 취침 시간은 새벽 2시였고, 그런 일정 속에서 새벽 기도를 드리는 것은 결코 쉬운 일이 아니었다. 처음에는 빠지기도 하고, 기도 중에 졸기도 했지만, 예수님도 피곤한 중에 새벽 기도를 하셨기에 포기할 수 없었다. 1년 반 동안 기를 쓰고 참석하다 보니 어느새 습관이 되었고, 체질이 되었다.

지금은 주일마다 아침부터 저녁까지 여섯 차례의 예배를 인도하고, 주 중에는 전국 각지를 다니며 집회를 인도한다. 일정이 정신없이 돌아가지만, 나에게는 일정을 관리해 줄 비서가 없다. 오직 다이어리와 알람 시계가 나의 비서다. 비서를 두지 않는 이유는, 처음 교회를 시작할 때 규모가 작아 모든 일을 직접 감당해야 했고, 또 예민한 성격 탓에 함께하는 것이 오히려 불편해 그냥 혼자 하는 편이 더 낫기 때문이다.

물론 실수할 때도 있다. 한번은 장신대학교 새벽 집회가 있었는데, 전날 철야로 지친 나머지 일정을 확인하지 않고 잠들었다가 아침에 담당자로부터 전화를 받고 부랴부랴 준비했던 적도 있었다. 리더는 반드시 부지런해야 한다. 시간 관리는 리더십의 중요한 자질 중 하나다.

자신의 성향과 생활 패턴에 맞는 시간 관리법을 연구하고 실천하며, 부족한 점을 고쳐 가야 한다. 다른 사람의 방식을 그대로 따라 한다고 내 것이 되지는 않는다. 하루 정도 시간을 정해 자신이 무엇에 시간을 얼마나 사용하는지를 기록해 보고, 더 효과적으로 재구성해 보자.

"세월을 아끼라 때가 악하니라"(엡 5:16).

타이밍을 놓치지 말라

현재의 상태가 하늘나라에서 받을 상급을 보장해 주는 것은 아니다. 예수님께서는 "먼저 된 자로서 나중 되고 나중 된 자로서 먼저 될 자가 많으니라"(막 10:31)라고 말씀하셨다. 지금은 1등일지라도 언제든 순서가 바뀔 수 있는 것이 하나님의 법칙이다. 세월은 유수와 같고, 만사에는 때가 있는 법이다.

봄볕이 따사로워지면 온 천지가 깨어나듯, 땅속에 묻힌 씨앗도 때가 되면 싹을 틔워야 한다. 준비되지 않았다고 땅속에만 머물러 있으면 결국 썩어 없어질 수밖에 없다. 하나님의 자연법칙처럼, 하나님의 사람에게도 쓰임 받는 시기가 있다.

사람들이 스파이더맨, 슈퍼맨, 배트맨과 같은 영웅의 등장을 기대하는 것은 결국 구원을 바라는 마음 때문이다. 그러나 성경은 그런 영웅을 강조하지 않는다. 성경 속 하나님의 사람들은 대부분 연약하고 부족한 이들이었으며, 오히려 그러한 약점을 드러내고 하나님을 의지한 자들이었다. 사도 바울은 "내 은혜가 네게 족하도다"(고후 12:9)라는 주님의 음성을 듣고, "내가 약한 그때에 강함이라"(고후 12:10)라고 고백했다.

하나님은 당신을 의지하는 자를 당신의 때에 사용하신다. 때로는 6년, 20년, 혹은 40년이 걸릴 수도 있다. 아무리 재능이 많아도 하나님께서 쓰시지 않으면 아무 소용이 없다. 그러므로 하나님께서 들어 쓰실 때, 최대한 열심히 쓰임 받아야 한다.

모세가 아무리 위대했을지라도, 때가 지나면 여호수아의 때가 오는 것이 하나님의 섭리다. 여호수아는 모세 곁에서 묵묵히 명령에 순종하며 보이지 않는 자리에서 충성했던 사람이다. 그는 하나님의 말씀뿐 아니라 하나님이 세우신 권위에도 순종했다. 하나님은 그런 자에게 권위를 맡기신다.

다윗도 마찬가지다. 그는 어린 시절 마을의 양치기로 있으면서도 나태하지 않았다. 양을 정성껏 돌보며, 들짐승으로부터 목숨을 걸고 지켰다. 그렇게 쌓인 충성과 훈련이 골리앗을 무너뜨릴 수 있는 힘으로 이어진 것이다. 만약 다윗이 들판에서 하늘만 바라보며 시간을 흘려보냈다면, 결코 골리앗 앞에 설 수 없었을 것이다.

오늘날 리더십의 위기는 자리에만 집중하는 데 있다. 모두가 위로 올라가려 하지만, 하나님은 낮은 자리에서 훈련하신다. 훌륭한 리더는 아랫사람의 마음을 헤아릴 줄 아는 사람이다. 직접 낮은 자리를 경험해 보아야 다른 이들의 필요와 아픔을 이해할 수 있다. 하나님뿐 아니라 사람을 진심으로 섬기고 사랑할 줄 아는 자만이 진정한 리더가 될 수 있다.

지금 리더의 자리에 있다면 더욱 겸손히 하나님께 순종하고 이웃을 섬겨야 한다. 진정한 리더는 눈에 띄는 업적보다 평범한 일상 속에서 하나님께 충성하며 순종하는 사람이다. 하나님은 그런 사람을 쓰신다.

하나님께서 쓰기 위해 선택하신 사람은 바빠질 수밖에 없다. 하나님이 축복하신 사람들의 공통점은 '바쁘다'는 것이다. 세상은 바쁜 사람을 피곤하다 여기지만, 나는 그렇게 생각하지 않는다. 하나님께서 쓰시기 때문에 바쁜 것이다. 그래서 나는 바빠도 스트레스를 받지 않는다. 리더는 하나님께서 축복하고 쓰시려 할 때, 그 타이밍을 놓쳐서는 안 된다.

사역을 할 때마다 '할 때까지 해 보자'라는 자세로 임하다 보니, 주변 사람들에게 매몰차 보일 때도 있다. 교회 스태프들과 회의할 때 인정사정없이 밀어붙일 때도 있다. 나도 온유한 목사가 되고 싶지만, 지금 하지 않으면 안 된다는 절박함이 있기 때문이다. 큰 병을 수술하려면 마음씨 좋은 의사보다 실력 있는 의사를 찾듯, 교회도 그런 공동체가 되어야 한다고 믿는다. 마음이 아픈 사람들이 편하게 찾아올 수 있는 교회, 그런 교회를 세우기 위해 나는 기꺼이 '까칠한 목사'가 되기를 선택한다.

나는 지금이 하나님께서 나를 들어 쓰시는 마지막 기회라고 여기며 사역하고 있다. 포도원교회의 제3대 담임목사로서, 언젠가는 4대, 5대, 6대 목사가 뒤를 이어 갈 것이다. 그렇기에 지금 아무리 잘해도 그것이 끝이 아니라는 사실을 늘 기억한다.

"나를 주 앞에서 쫓아내지 마시며 주의 성령을 내게서 거두지 마소서 주의 구원의 즐거움을 내게 회복시켜 주시고 자원하는 심령을 주사 나를 붙드소서"(시 51:11-12).

이것은 자신감의 문제가 아니다. 하나님의 때는 오직 하나님만 아신다. 그때가 오기 전까지 나는 최선을 다할 것이다. 하나님께서 "이제 그만 되었다" 말씀하시는 그날, 충성된 종으로 주님 앞에 서기 위함이다.

스트레스를 관리하라

육체적, 정신적으로 고갈된 상태에 이르면 타인에게 아무것도 줄 수 없으며, 영향력을 발휘하기도 어렵다. 그 상태를 해결하지 않은 채 무작정 앞으로 나아가려 한다면 결국 침체의 시기를 맞게 된다. 스트레스는 그렇게 쌓여 가며 몸과 마음에 큰 영향을 끼친다.

스트레스는 사전적으로 "적응하기 어려운 환경에 처할 때

느끼는 심리적·신체적 긴장 상태"(표준국어대사전)라고 정의된다. 생물학적으로는 우리 몸을 보호하기 위해 대뇌에서 아드레날린과 같은 자극 호르몬이 분비되며 나타나는 반응이다. 즉, 건강한 사람이라면 누구나 스트레스를 경험하게 되어 있고, 그것을 거부하거나 피할 수는 없다.

스트레스를 받으면 혈압이 상승하고, 근육은 긴장하며, 호흡도 빨라진다. 상태가 심하면 노이로제, 우울증, 심신 장애, 만성 질환으로 이어질 수 있다. 그러나 스트레스가 항상 부정적인 것만은 아니다. 적절한 수준의 스트레스는 오히려 신체와 정신에 활력을 불어넣어 어려움을 극복하고 목표를 이루는 데 도움이 된다. 스트레스를 완전히 제거할 수는 없지만, 잘 관리한다면 좋은 에너지원이 될 수 있다.

리더는 남들보다 빠르게 시대를 읽고 상황을 정확히 파악해 결단을 내려야 하며, 그 결정이 여러 사람에게 영향을 미치기 때문에 더 큰 스트레스를 받기 쉽다. 예기치 못한 변수와 급변하는 상황이 수시로 발생하기 때문이다. 더구나 리더가 스트레스를 받으면 그 영향이 조직 전체에 퍼지게 된다. 실제로 미국 CEO들 가운데는 매 분기 발표되는 실적 압박으로 인해 중요한 제안을 거절하거나, 결국 스트레스를 견디지 못해 회사를 떠나는 경우도 있다고 한다.

그렇다면 스트레스를 어떻게 효과적으로 관리할 수 있을까? 첫째, 긍정적인 생각을 유지하는 것이다. 스트레스를 받는다고 얼굴에 인상을 쓰고 있으면 오히려 기분만 더 나빠진다. 부정적인 생각은 부정적인 결과를 낳기 마련이다. 자신을 혹평하거나 상황을 불평한다고 해서 나아지는 것은 없다. 스트레스 역시 하나님께서 우리 몸에 주신 일종의 '경고 신호'이므로, 스트레스를 느낄 때는 잠시 멈추어 상황을 점검하고 문제의 원인을 살펴야 한다.

다윗은 사울의 위협을 피해 동굴에 숨어 도망자의 삶을 살면서도 과거에 경험한 하나님의 은혜를 기억하며 낙심하지 않았다. 그는 하나님만 바라보며 이렇게 고백했다.

"하나님이여 내게 은혜를 베푸소서 … 내 영혼이 주께로 피하되 주의 날개 그늘 아래에서 이 재앙들이 지나기까지 피하리이다 … 하나님이 그의 인자와 진리를 보내시리로다"(시 57:1-3).

둘째, 자신의 감정을 너무 억누르지 않는 것이다. 리더라고 해서 무조건 참기만 하면 언젠가는 폭발하게 된다. 타당한 이유가 있다면 적절히 감정을 표현하는 것도 필요하다. 평소에는 얌전하던 사람이 술을 마시면 완전히 다른 사람이 되거나, 화를 참다 참다 한순간에 폭발하는 것은 감정을 제대로 관리하지 못했기 때문이다. 감정을 표현하는 데도 지혜와 타이밍이 필요하다.

그러나 가장 좋은 방법은 하나님께 기도하는 것이다. 감정을 하나님 앞에 솔직히 아뢰는 것이다. 하나님은 우리의 상한 마음과 고통을 알아, 그것을 품고 치유해 주신다. 시편을 보면 다윗이 얼마나 하나님 앞에서 진실하게 기도했는지 알 수 있다.

"주여 내 영혼이 주를 우러러보오니 … 주는 선하사 사죄하기를 즐거워하시며 주께 부르짖는 자에게 인자함이 후하심이니이다 … 나의 환난 날에 내가 주께 부르짖으리니 주께서 내게 응답하시리이다"(시 86:4-7).

셋째, 육체적인 건강을 잘 관리하는 것이다. 몸이 건강해야 집중력이 높아지고 기분이 좋아지며 창의적인 아이디어도 잘 떠오른다. 이를 위해 규칙적인 식사, 운동, 휴식이 필요하다는 것은 누구나 알고 있다. 하지만 업무에 치이다 보면 실천하는 것이 어렵다. 특히 휴식은 많은 리더가 간과하기 쉽다. 쉬는 것도 하나의 '일'이라는 것을 알지만, 현실에서 실행하기란 결코 쉽지 않다.

쉬는 시간은 단순히 일을 멈추는 것이 아니라, 새로운 에너지와 활력을 얻는 중요한 시간이다. 예수님도 낮에는 일하고 밤에는 쉬셨다.

"예수께서 낮에는 성전에서 가르치시고 밤에는 나가 감람 원이라 하는 산에서 쉬시니"(눅 21:37).

한번은 황성주 박사가 "할 일을 다 하고 쉬려고 하면 결국 쉬지 못합니다. 먼저 쉬는 시간을 정하고, 그날에는 다른 약속을 잡지 마세요"라고 조언한 적이 있다. 실제로 쉬는 시간을 우선 확보하지 않으면 일과 휴식의 균형을 유지하기 어렵다. 현재 나는 다양한 사역과 만남 속에서 일과 여가의 구분 없이 즐거움을 찾고자 노력하고 있다.

마지막으로, 모든 일을 혼자 감당하려 하지 않는 것이다. 주인의식을 가지고 최선을 다하는 것은 좋지만, 그것이 지나치면 오히려 스트레스가 가중되고 주변과의 관계에도 영향을 줄 수 있다. 리더는 모든 요청을 다 수용하는 '예스맨'이 되어서는 안 된다. 모든 부탁을 다 들어주다 보면 정작 자신은 탈진하게 된다. 감당할 수 없는 일은 과감하게 위임해야 한다.

출애굽기 18장에 보면, 모세가 아침부터 저녁까지 혼자 백성의 일을 감당하느라 지쳐 있었을 때, 장인 이드로는 지도자들을 세워 일을 분담하라고 조언했다.

"모세가 이스라엘 무리 중에서 능력 있는 사람들을 택하여 … 천부장과 백부장과 오십부장과 십부장을 삼으매 … 어려운 일은 모세에게 가져오고 모든 작은 일은 스스로 재판하더라"(출 18:25-26).

이를 위해서는 평소 동역자들의 능력을 주의 깊게 살피는 것이 중요하다. 새로 생긴 업무는 적절히 분배하고, 그들을 신뢰하며 기다릴 줄 알아야 한다. 진심으로 믿고 맡긴다면 그들은 결코 기대를 저버리지 않을 것이며, 오히려 기대 이상의 결과와 함께 팀 전체의 사기와 결속력도 높아질 것이다.

잠언 17장 22절은 이렇게 말씀한다.

"마음의 즐거움은 양약이라도 심령의 근심은 뼈를 마르게 하느니라."

스트레스를 잘 다스리고, 하나님 안에서 즐겁고 감사가 넘치는 삶을 살아가며, 무거운 짐을 하나님께 맡길 때 하나님께서 친히 우리의 삶을 인도해 주실 것이다.

3

포도원교회 7대 강점

교회는 성도들이 함께 모여
하나님을 예배하는 곳이다.
교회는 성도들이 진정한 예배자로
설 수 있도록 인도해야 한다.

예배가 살아 있는 교회

"아버지께 참되게 예배하는 자들은 영과 진리로 예배할 때가 오나니 곧 이때라 아버지께서는 자기에게 이렇게 예배하는 자들을 찾으시느니라 하나님은 영이시니 예배하는 자가 영과 진리로 예배할지니라"(요 4:23-24).

신앙의 첫걸음이자 영적 경주의 출발점은 예배다. 사람들이 교회를 찾는 이유는 다양하다. 어떤 이는 설교를 듣기 위해, 어떤 이는 찬양하기 위해, 또 어떤 이는 사람들과 좋은 관계를 맺기 위해 교회를 찾는다. 그러나 교회를 찾는 가장 근본적이고도 중요한 목적은 하나님께 예배드리기 위함이다. 무엇을 얻기 위해서가 아니라, 하나님을 높이고 경배하기 위해 나아가는 것이 참된 예배의 자세다.

주일이 되면 무심코 교회로 향해 정해진 순서에 따라 찬송을 부르고 설교를 듣는 '선데이 크리스천'이 아니라, 하나님께서 기뻐 받으실 예배를 위해 미리 준비하고 기도로 예배를 맞이하는 이가 진정한 예배자다. 그런 사람은 예배 시간이 기다려지고, 예배를 위해 생활을 정돈한다. 일찍 잠자리에 들고, 예배 시간에 늦지 않으며, 말씀에 집중할 수 있도록 몸과 마음을 준비한다.

이렇게 준비된 예배는 기쁨이 되고, 하나님께서 주시는 은혜와 감동을 깊이 경험하게 한다. 이처럼 예배가 삶의 중심이 되면 일상의 패턴도 변화하게 된다. 하나님 중심의 삶이 시작되고, 모든 것이 제자리를 찾게 된다.

나 또한 전국 곳곳에서 집회를 인도하지만, 주일만큼은 가능한 한 다른 일정을 잡지 않는다. 하나님께서 나를 포도원교회에 보내셔서, 그곳에서 성도들과 함께 예배하고 말씀을 전하는 사명을 맡기셨기 때문이다. 아무리 피곤해도 주일에는 아침 1부 예배부터 저녁 예배까지 강단에 선다. 처음에는 하루에 여섯 번의 예배를 인도하는 것이 너무 힘들어 1부 예배까지만 맡고 이후는 부목사에게 맡기려 했다. 그러나 예배를 인도하는 가운데 마음이 바뀌었다. '다른 사람에게 맡길 것이 아니라, 체력을 더 잘 관리해야겠다'는 생각이 들었다.

그때부터 삶은 단순하고 명확해졌다. 토요일이면 쉬겠다는 생각으로 TV를 보곤 했지만, 주일 예배가 삶의 최우선이 되자 자연스럽게 그런 것들을 내려놓게 되었다. 해야 할 것과 하지 않아도 될 것이 구분되었고, 수천 명의 성도와 함께 드릴 예배를 생각하니 아무것도 소홀히 할 수 없었다.

예배에 집중하고 삶을 정돈하는 가운데 영적 상태도 눈에 띄게 좋아졌다. 토요일만 되어도 찬양이 절로 나오고, 하루에 여섯 번 예배를 인도해도 즐겁고 감사한 마음이 가득했다. 그래서 주일이 기다려지고, 예배 시간이 오기를 기대하게 되었다.

교회는 성도들이 함께 모여 하나님을 예배하는 곳이다. 그러므로 교회는 성도들이 진정한 예배자로 설 수 있도록 인도해야 한다. 하나님은 예배의 형식이나 프로그램에 관심을 두시는 분이 아니라, 예배자의 중심을 보고 그 마음을 받으시는 분이다. 따라서 교회는 성도들이 영과 진리로 예배에 참여하도록 돕고, 하나님의 임재와 은혜를 경험하게 하는 공간이 되어야 한다.

예배 한 번만 잘 드려도 인생이 달라진다는 기쁨으로 전도

하는 교회, 예배를 통해 하나님을 만나고 그분의 치유와 회복을 경험하는 교회야말로 참된 교회라 할 수 있다.

설교만 들어도 치유가 되는 교회

포도원교회 설교의 특징은 '치유'에 있다. 2천 년 전, 예수님이 가시는 곳마다 병자들이 나아왔고, 예수님은 그들을 고치셨다. 고침을 받은 이들은 자신이 어떻게 치유되었는지를 증언하며 예수님을 증거했다. 그들의 고백을 통해 예수님을 알지 못했던 사람들도 복음을 듣고 주님을 믿게 되었다. 그들은 단순히 육체의 질병만이 아니라, 마음과 영혼까지 치유 받고 영생을 얻게 되었다.

나 또한 하나님을 통해 어려움을 이겨 내고 회복을 경험했기에, 설교를 통해 그 하나님의 위로와 치유를 전하고자 한다. 어떤 성도들은 포도원교회를 '포도당교회'라고 부르는데, 이는 예배에 한 번만 참석해도, 설교 한 번만 들어도 마치 포도당 주사를 맞은 것처럼 힘이 솟는다는 뜻이다. 그래서일까, 포도원교회 성도들의 얼굴에는 늘 생기와 소망이 가득하다.

포도원교회는 남성 성도가 더 많이 모이는 교회이기도 하다. 처음에는 억지로 아내를 따라온 남성들도 2-3주만 지나면 스스로 예배를 기다리고, 자발적으로 교회에 나오게 된다. 교회 분위기도 한몫하겠지만, 결국 설교를 통해 하나님의 말씀을 경험하기 때문이다. 하나님의 말씀은 살아 있고 활력이 있으며, 그 말씀을 통해 성도들은 치유 받고 회복되며 주님을 향한 믿음을 새롭게 한다.

하나님은 위대하시지만, 그분이 사용하신 사람들은 대부분 연약한 자들이었다. 성경은 실패한 사람, 아픈 사람, 약한 사람들을 불러 그들을 통해 하나님의 위대한 일을 이루신 이야기로 가득하다. 예수님께서도 "건강한 자에게는 의사가 쓸 데 없고 병든 자에게라야 쓸 데 있나니"(눅 5:31)라고 말씀하셨다.

내가 전하는 설교 역시 하나님의 위로와 소망을 나누기 위한 것이다. 실제로 어떤 이들은 설교를 듣고 우울증을 이겨 내고, 사업 실패를 극복했다고 간증한다. 한번은 사무실에 김이 산더미처럼 쌓여 있는 것을 보고 행정 담당 목사에게 되돌려 보내라고 지시한 적이 있었다. 그런데 알고 보니 그것은 서해안에서 김 공장을 운영하는 분이 보낸 것이었다. 내 설교 테이프를 우연히 듣고 큰 위로와 치유를 경험했기에 감사의 표시로 보낸 것이었다. 테이프가 늘어날 정도로 듣고 또 들었다는 이야기를 들었을 때, 나는 깊은 감동을 받았다.

"우리가 이 보배를 질그릇에 가졌으니 이는 심히 큰 능력은 하나님께 있고 우리에게 있지 아니함을 알게 하려 함이라"(고후 4:7).

목회자는 하나님의 복음을 담은 질그릇이다. 그렇다면 이 보배를 어떻게 효과적으로 전할 수 있을까? 이는 많은 목회자의 평생의 고민이자 사역의 중심 과제다. 설교는 누구나 할 수 있지만, 모든 설교가 다 좋은 것은 아니다. 중요한 것은 얼마나 화려하고 세련되게 말하는가가 아니라, 그 설교 안에 하나님의 생명력과 감동이 담겨 있느냐 하는 것이다.

전도하기 신나는 교회

"그러므로 너희는 가서 모든 민족을 제자로 삼아 아버지와 아들과 성령의 이름으로 세례를 베풀고 내가 너희에게 분부한 모든 것을 가르쳐 지키게 하라 볼지어다 내가 세상 끝 날까지 너희와 항상 함께 있으리라 하시니라"(마 28:19-20).

부활하신 예수님은 제자들에게 세상 어디든 가서 복음을 전하고 제자를 삼으라고 명령하셨다. 이는 선택 사항이 아니라,

모든 그리스도인에게 주어진 분명한 명령이다. 그러므로 그리스도인이라면 누구든, 때를 얻든지 못 얻든지 주님의 복음을 이웃과 열방에 전해야 한다(딤후 4:2).

포도원교회의 가장 큰 비전 또한 전도와 선교에 있다. 그중에서도 먼저 전도에 대해 말하고자 한다. 전도는 예수님의 지상 명령이며, 모든 그리스도인이 반드시 감당해야 할 신앙적 의무다. 포도원교회 전도부의 비전은 '부산·경남의 영혼들에게 복음을 전하고, 1만 영혼을 추수하는 것'이다.

포도원교회의 전도 팀은 '일팔전도팀'이라 불리는데, 이는 사도행전 1장 8절의 말씀에서 따온 이름이다.

"오직 성령이 너희에게 임하시면 너희가 권능을 받고 예루살렘과 온 유대와 사마리아와 땅끝까지 이르러 내 증인이 되리라."

담임목사로 부임한 이후 가장 먼저 중점을 둔 사역이 바로 전도였다. 교회의 첫인상을 결정짓는 간판부터 새롭게 바꾸었고, 하나였던 전도 팀을 요일별·시간대별로 세분화해 총 여덟 개 팀(교구전도대, 화요·수요·목요·금요전도대, 덕천전도대, 토요전도대, 주일전도대)으로 운영했다.

더불어 다양한 전도 프로그램을 통해 성도들에게 전도에 대한 열정을 심어 주고, 실제적인 방법을 훈련했다. 그 결과 현재는 16개 전도 팀이 매일 활동하며, 매주 화요일에는 교구장과 교구 목사가 함께 교구별 전도를 실시하고 있다. 또한 매월 둘째 주에는 173개의 남녀전도회 전도 팀이 일제히 전도에 나선다.

포도원교회 전도 사역의 가장 두드러진 특징은 '은사별 선교 팀'의 운영이다. 의료, 미용, 축구 등 다양한 은사를 가진 성도들이 각기 팀을 이루어 지역 주민들에게 친근하게 다가가고 있다. 이는 지역 사회에 좋은 인상을 남기며 전도의 문을 여는 귀한 통로가 되고 있다. 예를 들어, 축구 선교 팀은 매주 토요일 지역 축구 팀과 경기를 가지며 복음을 전하고 있다. 그 결과 교회를 다니지 않는 사람들 사이에서도 "기왕이면 포도원교회에 가자"라는 말이 자연스럽게 퍼지고 있다. 앞으로도 이 은사별 선교 팀을 계속 개발해 100개 이상으로 확장하는 것이 소망이다.

또 하나의 특징은 '돈 들이지 않는 전도' 원칙이다. 포도원교회 전도 팀은 교회 재정을 사용하지 않으며, 점심조차 각자 준비해서 모인다. 또한 선물이나 시상 등 큰 비용이 드는 총동원 주일 행사는 지양한다. 아낀 재정은 오직 전도와 선교에 직접 투자하는 것이 원칙이다.

성도들을 대상으로 한 전도 훈련은 연 2회 실시된다. 이 훈련은 전도에 부담을 느끼는 성도들에게 현장 중심의 실습을 통해 전도는 어렵지 않고 즐거운 일임을 알게 하는 데 중점을 둔다. 다양한 전도 방법, 지역별 전략, 성경 말씀, 생활 전도 등을 체계적으로 교육한다. 전도는 할수록 능력이 늘어나는 훈련이며, 교회는 이를 성도들에게 지속적으로 알려 주어야 한다.

새신자 정착률이 높은 교회

포도원교회가 새신자의 정착률이 높은 이유는, 새신자의 입장을 철저히 고려하여 그들의 영적 필요를 충족시킬 수 있도록 체계적인 팀 운영과 배려가 이루어지기 때문이다. '새가족부'라는 명칭 또한 '가족 의식'을 심어 주기 위한 것으로, 교회에 발을 들이는 순간부터 '너와 나'가 아닌 주 안에서 '한 가족'으로 묶인다는 의미를 담고 있다.

포도원교회에는 당회실이 없다. 원래 있던 당회실은 새가족 공부방으로 리모델링했다. 이는 당회원보다 새가족이 더 많고, 더 중요하며, 더 자주 사용한다는 현실적 판단에 따른 것이었다.

주일이 되면 교회의 모든 팀이 분주하게 움직인다. 주차 안내 팀은 날씨와 관계없이 미소로 차량을 안내하고, 안내 데스크 팀은 오전 6시 30분부터 밤 9시까지 처음 온 이들을 친절하게 맞이한다. 약 60명의 팀원과 전담 교역자 중심으로 운영되고 있는 새가족부는 각 예배와 의자 분단별로 담당자를 배치해 새신자를 신속하게 파악한다. 처음 방문한 사람은 '방문 카드'를 작성하고, 등록을 원하는 경우 '등록 카드'를 통해 새신자로 관리된다.

예배 후에는 새가족 팀이 새가족실에서 커피와 식사를 제공해, 영혼의 허기를 채운 다음 육적인 필요까지 따뜻하게 채운다. 이후에는 교구별·대교구별로 배정된 바나바 팀이 새신자에게 연락하고, 매주 화요일에는 약 열 명의 성도로 구성된 서신부가 편지를 발송한다. 이 편지를 통해 교회 소개와 기독교 기본 교리를 담은 자체 제작 자료가 단계별로 발송되며('1신', '2신', '3신'), 생일 카드, 주보, 설교 테이프도 함께 전해진다. 손이 많이 가는 일이지만 그만큼 효과도 크다.

또 하나의 특징은, 새신자가 곧바로 교인으로 등록된다는 점이다. 일반적으로는 교육을 받은 뒤 정식 교인이 되지만, 포도원교회에서는 첫 주에 바로 등록시키고 이후 교육을 받게 한다. 많게는 주일에 100명 가까운 새가족이 찾아오기 때문에 신속한 대응 시스템이 필요하다. 등록을 마친 새가족은 담임목사의 인터뷰를 거쳐 담당 교역자에게 연결된다. 하루 여섯 번의 예배를 인도하는 바쁜 일정 속에서도 한 영혼, 한 영혼을 직접 만나는 일은 귀하고 기쁜 사역이다.

새가족은 4주간의 교육 과정을 이수해야 하며, 각 과정은 전문성과 영성을 갖춘 리더들이 담당한다. 수료식은 엄숙한 분위기보다 기쁨이 넘치는 축제로 진행되며, 구역과 기관별로 준비한 선물을 통해 가족이 된 기쁨을 함께 나눈다.

포도원교회에는 '텃새'가 없다. 대부분의 성도가 비교적 최근에 등록한 이들이기 때문에, 새신자와 기존 성도 간의 교제가 어렵지 않고, 서로 자연스럽게 교제하며 친밀해지는 분위기가 형성되어 있다. 새가족이 친정에 돌아온 딸처럼 편안하게 머물 수 있는 교회, 예배가 즐겁고 교제가 기쁜 교회, 성도들이 감동하고 열광하는 교회가 되도록 포도원교회는 최선을 다하고 있다.

모든 교인이 선교에 참여하는 교회

선교는 사도행전 1장 8절과 마태복음 28장 19-20절 말씀에 근거하여, 사도로 부르심을 받은 모든 성도가 지상 대명령을 수행하는 사명이다. 이는 몇몇 목회자나 선교사만의 일이 아니라, 주님의 명령에 순종하는 모든 성도의 과업이다.

포도원교회는 선교를 생활의 일부이자 공동체의 정체성으로 여긴다. 사탄이 침범하고 점령한 세상 속에 하나님 나라를 세워 가는 이 일에 모든 성도가 동참해야 한다는 믿음 아래, 다양한 방식으로 선교를 실천하고 있다. 특히 여전도회에서는 방주원, 성애원과 같은 기관을 정기적으로 방문하여 매달 빨래와 청소 봉사를 이어 가고 있으며, '요한선교회'는 방송 문화 사역을 중심으로 활동하며 기독교 텔레비전을 비롯해 열 개가 넘는 문화·문서 사역 기관을 후원하고 있다.

이러한 선교 활동에 필요한 비용은 교회 일반 재정이 아니라, 각 선교회원들이 자발적으로 드리는 선교 헌금으로 충당된다. 선교 헌금은 다섯 가지 항목으로 나누어, 천 원씩이라도 모든 항목에 참여하도록 권면하고 있다. 이는 '보물(물질)이 있는 곳에 마음도 있다'(마 6:21)는 말씀처럼, 마음을 담은 헌신이야말로 진정한 참여이기 때문이다.

우리 교회가 타 교회와 구별되는 가장 큰 특징은 '기관 선교'에 중점을 두고 있다는 점이다. 최근에는 고신대학교에 1억 원의 선교 헌금을 전달하기도 했다. 이는 단지 선교사를 파송하는 일에 그치지 않고, 선교 단체와 훈련 기관들이 건강하고 견고하게 세워지는 것이 더 중요하다는 믿음에서 비롯된 결정이었다.

나 역시 고신의과대학 교목으로 사역하며, 학교의 특성을 살려 의료 선교에 힘쓴 바 있다. 매년 여름이면 단기 선교를 준비하느라 분주했고, 그 사역을 통해 많은 것을 배웠다. 어려움도 많았지만, 베푼 것보다 훨씬 큰 은혜를 얻은 시간이었다. 하나님을 신뢰하고 순종하는 법을 배웠으며, 소극적이고 소심했던 성격도 점차 적극적이고 담대하게 변화되었다. 좋은 나무가 좋은 열매를 맺듯, 건강한 단체에서 건강한 주님의 일꾼이 자라난다는 확신을 얻었다.

최근 나의 기도 제목 중 하나는 '선교사 10만 명 파송'이다. 여기에는 평신도 선교사, 전문인 선교사, 신학자가 모두 포함된다. 어느 날 "복음 전파는 목사님 손에 달렸습니다. 선교사 10만 명을 파송하세요"라는 이메일을 받은 일이 있었다. 처음에는 웃어넘겼지만, 그 말이 자꾸 마음에 남았다. 결국 '그래, 선교사 10만 명을 파송하자. 그 일에 쓰임 받자!'는 결단을 내리고 기도를 시작했을 때, 하나님께서는 즉각 응답해 주셨다. CTS 기독교 TV에서 강의 요청이 들어온 것이다. 그 방송은 전국적으로 100만 명이 시청한다. 그 가운데 10만 명이 헌신하지 못할 이유가 없다고 나는 믿는다. 지금도 강의와 부흥회를 통해 수많은 사람을 만나며, 그들을 선교로 부르시는 하나님의 손길을 계속 증거하고 있다.

부흥회같이 새벽 기도가 뜨거운 교회

"하나님이여 내 마음을 정하였사오니 내가 노래하며 나의 마음을 다하여 찬양하리로다 비파야, 수금아, 깰지어다 내가 새벽을 깨우리로다"(시 108:1-2).

많은 사람이 새벽에 일어나는 것을 힘들어한다. 하물며 기도를 위해 새벽을 깨운다는 것은 더 큰 결단을 필요로 한다. 그러나 새벽은 하루를 여는 시간이며, 하나님과 단둘이 만날 수 있는 고요한 순간이기에 특별하다. 분주한 일상 가운데 구별된 이 자리는 하나님의 소망과 갈망을 품은 자들에게는 그 무엇보다도 소중하다.

'고아의 아버지'라 불린 조지 뮬러(George Müller)는 5만 번이 넘는 기도 응답을 체험한 기도의 사람이었다. 그는 "기도를 시작하는 것만으로는 부족하다. 끝까지 믿음으로 기도해야 한다"라고 말했다. 기도는 단순한 요청이 아니라 하나님과의 깊은 대화이며, 응답하실 하나님을 믿고 끊임없이 나아가는 믿음의 행위다.

포도원교회에는 세 가지 자랑이 있다. 첫째는 뜨거운 새벽 기도, 둘째는 앞자리부터 앉는 성도들의 열정, 셋째는 짧고 간결한 대표 기도다. 모든 성도가 1년 내내 새벽 기도에 참여하는 것은 결코 쉬운 일이 아니다. 그래서 우리는 '월삭 기도회'와 '새벽 기도 십일조 운동'을 실천하고 있다.

매월 1일 새벽은 '전 가족 월삭 기도회'로 드리는데, 별도의 광고 없이도 자리가 부족할 정도로 많은 성도가 모인다. 이 기도회는 단순히 한 달의 시작을 의미할 뿐 아니라, 성령의 놀라운 역사가 나타나는 현장이기도 하다. 불임으로 고통 받던 여인이 아이를 갖게 되었고, 병든 자가 치유되는 은혜가 일어나기도 했다.

우리는 이 기도회에 온 가족이 함께 참석할 것을 권한다. 어려서부터 새벽에 하나님을 찾는 습관을 들이는 것이 중요하기 때문이다. 한국 교회의 미래는 바로 이 아이들에게 달려 있다. '새벽 기도 십일조 운동'은 한 달 중 사흘, 곧 매월 1, 2, 3일을 기도의 십일조로 하나님께 드리는 운동이다. 작정 기도나 40일 기도처럼 특정한 기도 제목을 위한 기도도 중요하지만, 매달 일정한 시간을 정해 하나님께 드리는 일상화된 기도 습관 또한 큰 의미가 있다.

E. M. 바운즈(Edward McKendree Bounds)는 "하나님을 위해 가장 많은 일을 한 사람들은 아침 일찍 무릎 꿇은 사람들이었다"라고 말했다. 우리는 새벽에 도우시는 하나님을 끝까지 붙들어야 한다.

실무형 인재를 키우는 교회

고린도전서 12장 8절 이하에는 이렇게 기록되어 있다.

"어떤 사람에게는 성령으로 말미암아 지혜의 말씀을, 어떤 사람에게는 같은 성령을 따라 지식의 말씀을, 다른 사람에게는 같은 성령으로 믿음을, 어떤 사람에게는 한 성령으로 병 고치는 은사를, 어떤 사람에게는 능력 행함을, 어떤 사람에게는 예언함을, 어떤 사람에게는 영들 분별함을, 다른 사람에게는 각종 방언 말함을, 어떤 사람에게는 방언들 통역함을 주시나니 이 모든 일은 같은 한 성령이 행하사 그의 뜻대로 각 사람에게 나누어 주시는 것이니라"(고전 12:8-11).

은사는 하나님께서 성도들에게 주시는 은혜로운 선물이다. 이는 방언이나 신유와 같은 초자연적 현상만을 뜻하지 않는다. 하나님은 각자의 환경과 재능에 맞게 은사를 나누어 주시며, 우리는 선한 청지기로서 그 은사를 활용해 하나님께 영광을 돌리고 서로를 섬겨야 한다.

그렇다면 은사는 어떻게 알 수 있을까? 열심히 섬기고 봉사하며, 하나님 말씀에 순종해 뛰어다니다 보면 자연스럽게 알게 된다는 것이 나의 생각이다. 그렇게 하다 보면 열매가 맺히고, 사람들에게 인정을 받으며, 일에 기쁨과 자신감도 생기게 된다.

대표적인 예가 바로 나 자신이다. 어릴 적 나는 내성적이고 소심해 혼자 있는 것을 좋아했다. 누군가에게 말을 하거나 사람들 앞에 서는 것은 나와 거리가 먼 일이라고 생각했다. 그런데 수많은 성도 앞에서 말씀을 전하고, 나아가 TV 설교까지 하게 될 줄은 꿈에도 몰랐다. 하나님께서 목회에 주신 나의 가장 큰 은사는 '욕심이 많음'이다. 좋은 말로 하면 '의욕이 넘침'이다. 목회에 대한 열망, 하나님을 향한 열심, 부흥에 대한 열정 그리고 사람에 대한 욕심이 나를 끊임없이 움직이고 밤잠을 줄이게 한다.

주일에 설교를 여섯 번씩 해도 지치지 않는 것은 바로 열정이 크기 때문이다. 특히 사람에 대한 욕심은 누구에게도 뒤지지 않을 정도로 커서, 부목사들도 혀를 내두를 정도다. 성도 한 명이 눈에 띄면, 그가 온전히 마음을 열고 순종할 때까지 집중적으로 심방하고 상담하며 기도한다. 이것이 내 특기다.

나는 하나님 나라와 교회 부흥에 대한 열정만큼은 대한민국뿐 아니라 세계 누구에게도 뒤지지 않으려는 간절한 마음을 가지고 있다. 이 열정을 가지고 맡은 일을 최선을 다해 하다 보니, 사람들은 내 설교를 재미있어했고, 교회도 자연스럽게 성장하게 되었다. 그러면서 자신감도 생기고, 더욱 기쁘게 사역할 수 있었다.

이러한 열정과 은사 중심의 운영 덕분에 포도원교회는 직분이나 나이가 아닌 은사에 따라 사람을 세운다. 등록한 지 일주일밖에 안 된 새신자라 해도 은사가 탁월하면 과감하게 발탁한다. 결정도 오래 걸리지 않는다. 대부분 첫 심방에서 이미 결정된다. 한 예로, 예배 중 찬양을 잘하면 바로 찬양대에 배치하는 식이다. '두고 보자'는 사람은 믿지 않고, '나중에 하겠다'는 사람도 중요하게 여기지 않는다. "저는 이제 이사 와서…", "저는 교회가 처음이라…", "천천히 지켜보다 하겠습니다"라고 말하는 사람들은 대개 그냥 나오기만 한다. 그래서 나는 은사의 싹이 보이면 반강제로라도 일을 맡긴다. '일하면서 원리를 배우고, 배우면서 일하는 것'이다.

실제로 직분과 봉사를 맡아 사역하다 보면 많은 것을 깨닫고 배우게 된다. 자신도 몰랐던 모습을 발견하고, 자신을 통해 역사하시는 하나님을 경험하게 된다. 이렇게 은사 중심으로 운영한 결과, 현재 찬양대가 여섯 팀에서 열한 팀으로 늘었고, 찬양 팀도 열두 팀으로 확장되었다. 남전도회와 여전도회도 매년 확대 개편되어 현재 173개가 넘으며, 구역은 781개에 이른다. 교회가 마치 세포 분열하듯 빠른 속도로 성장할 수 있었던 이유 중 하나가 바로 은사 계발에 힘썼기 때문이다.

4

일천강국 포도원
(덕천/화명/드림/양산/우간다)

나는 각 성전을 볼 때마다 한없이 겸허해진다.
이는 성도들과 선배 목사님들의 열매이기 때문이다.

포도원의 첫사랑, 덕천 성전

지금도 전통적인 5일장이 서는 구포시장 인근, 부산의 변두리 빈촌에서 구포제2교회로 시작해 덕천동교회로 이름이 바뀌었고, 다시 공모를 통해 바뀐 이름이 포도원교회다. 포도원교회는 초대 담임이신 고(故) 김창연 목사님 시절부터 말씀이 좋기로 소문난 교회였다. 당시 교회의 세 가지 자랑은 뜨거운 새벽기도, 예배 시간에 앞자리부터 앉는 성도들의 열정 그리고 간결한 대표 기도였다.

 전체 면적 117평에 주차장은 1평도 없을 정도로 규모는 작았지만, 섬기는 일에는 아낌이 없는 알부자 교회, 퍼 주는 교회였다. 그 시절 80여 개의 농어촌 교회와 수많은 선교사를 후원하던 섬김이 오늘까지 이어졌고, 덕분에 나중 축복도 더 후하게 받았다고 생각된다.

포도원교회의 초창기, 아내가 덕천중학교로 교사 발령을 받아 교회 앞으로 이사하게 되었다. 당시 고신대학교 신학생이던 내가 직접 포도원교회를 찾아가 전도사로 써 달라고 부탁한 지 벌써 39년이 흘렀다. 교육전도사로 시작했으나, 담임목사님이 대전으로 이동하시면서 약 1년간 대예배 설교도 하고, 담임목사처럼 열심히 사역했다. 이후 평소 잘 알던 강도순 목사님을 소개하여 2대 담임목사님으로 청빙했고, 나는 제4영도교회로 이동하여 부교역자로 사역하며 고신대학교 의과대학 교목으로도 활동하게 되었다. 그 뒤 강도순 목사님이 캐나다로 가시자, 나는 3대 담임목사로 다시 포도원교회로 청빙을 받아 오게 되었다. 전도사 시절에 동역했던 집사님들이 어느새 장로님이 되어 나를 청빙한 것이었다.

그때 큐티를 하면서 크게 은혜 받은 말씀이, "고향과 친척과 아버지의 집을 떠나 내가 네게 보여 줄 땅으로 가라"(창 12:1)였다. 포도원교회로 돌아온 후, 여러 사람의 추천으로 CTS 밀레니엄 특강에 출연하게 되면서 활발한 방송 활동이 시작되었다. 사투리가 심하고 방송용으로 적합하지 않은 말이 많았음에도 불구하고, IMF 시절 많은 사람이 절망에 빠져 있을 때, 치유와 회복에 초점을 맞춘 설교로 큰 울림을 주었다.

이후 포도원교회는 전국적이고 세계적인 메신저로 자리 잡게 되었으며, 방송 활동은 'TV가 전도하는 교회'라 불릴 정도로 폭발적인 성장을 이루는 계기가 되었다. 고속 복사기로 설교 테이프를 복사하고, 주일 예배를 1부에서 6부까지 나눠 드려도, 예배 중 다음 예배를 기다리는 사람들이 계단에 줄을 설 정도로 미어터지게 몰려왔다. 이는 선대 목사님들께서 뿌린 말씀의 토양이 좋았고, 어디를 가도 자랑할 만큼 교인들이 참 좋았으며, 퍼 주는 교회, 선교하는 교회로 일찍이 자리 잡아 부흥의 생태계가 잘 조성되었던 덕분이라고 볼 수 있다.

덕천 성전은 크기도 아담하고 교인들의 심령도 절박했기에 기도회나 어떤 모임을 해도 은혜가 되었다. 그래서 덕천 성전은 포도원의 첫사랑이 되었다.

하나님의 깜짝 선물, 화명 성전

2004년 9월에는 화명동 신시가지 내에 1,200평이 넘는 아름다운 예배당을 세울 수 있게 되었다. 여기에도 놀라운 하나님의 은혜가 있었다. 원래 이 종교 부지를 불하받은 교회는 우리 교회가 아닌, 합동 측의 북성교회였다. 그러나 형편상 건축을 할 수 없게 되자 많은 교회가, 심지어 불교 사찰과 몇몇 이단까지 수십억 원의 돈뭉치를 들고 와 팔 것을 권유했다. 하지만 북성교회에서는 그 금액과 비교할 수 없는 조건으로 포도원교회에 이 부지를 넘겨주었다. 북성교회 담임목사님은 '건강한 교회가 와야 한다'는 일념으로 바로 이웃에 있던 우리 교회에 부지를 주셨다. 이후 북성교회도 금곡동에 아름다운 새 성전을 건축하고 입당했다. 그야말로 윈윈(win-win)이었다.

그때까지만 해도 우리는 교회를 옮길 생각도, 준비도 전혀 되어 있지 않은 상황이었다. 그런데 하나님께서 이렇게 놀라운 선물을 주신 것이다. 장로님들과 함께 도시개발공사를 찾아가 5년 동안 땅값을 갚겠다며 통사정을 했던 기억이 난다. 당시 교회 재정으로는 부지를 살 형편이 전혀 되지 않았기 때문이다. 그러나 교회가 폭발적인 성장을 이루면서, 1년 만에 땅값을 모두 갚을 수 있었다.

2002년 5월 1일, 500명의 성도가 새 성전 부지에 모였다. '전교인 한마음 걷기대회'라는 이름으로 모였지만, 하나님께 감사와 찬양이 끊이지 않았다. 모두 한목소리로 "일어나 건너가자"라는 구호를 외치며 새 성전 부지를 열세 바퀴 돌았다. 하나님께서 주신 땅에서 놀라운 일들이 일어나기를, 하나님의 사랑이 이 땅을 통해 흘러 나가기를 소망하며, 악한 세력을 물리치고 주님의 영광을 드러내기를 기도하는 시간이었다. 아파트 수만 세대 가운데 유일한 종교 부지였던 이 땅 위에 아름다운 주님의 성전이 세워졌다.

화명 성전에 인접해 건축한 비전센터는 지하만 해도 500명을 수용할 수 있을 정도의 규모다. 웬만한 교회 규모라 할 수 있다. 1층은 얼마 전 대대적인 공사를 마치고 '포도송이 키즈카페'로 문을 열었다. 주말 기준 하루 100명 이상이 드나드는 키즈카페를 무료로 개방하여 지역 사회를 섬기고 있다.

나는 화명 성전을 볼 때마다 한없이 겸허해진다. 이 교회를 더 잘 가꾸어야겠다는 거룩한 부담감이 생긴다. 낡고 오래된 덕천 성전에서 예배드리면서도 한마디 불평 없이, 언제나 다른 사람들을 섬기고 도운 포도원교회 성도들과 선배 목사님들의 열매이기 때문이다. 화명 신도시는 전국에서도 손꼽히는 살기 좋은 곳이 되었다. 금정산과 낙동강을 끼고 있으며, 김해공항과 고속도로가 가까울 뿐 아니라 KTX 구포역과 지하철까지 연결되면서, 화명 성전은 포도원의 강남이 되었다.

꿈의 현상소, 드림센터

덕천 성전에서는 100명, 200명, 300명씩 백 단위로 부흥되었고, 화명 성전에서는 1,000명, 2,000명, 3,000명씩 천 단위로 부흥되었다. 그런데 드림센터에서는 1만 명을 넘어 만 단위로 부흥하게 되었다. 덕천동, 화명동, 금곡동, 양산에서부터 발길이 이어지고, 수용 인원이 넘치자 할 수 없이 계속 성전을 지어 나갔다.

'1만 가정! 3만 성도! 10만 선교! 100만 전파!'가 우리 포도원 교회의 구호였는데, 코로나 팬데믹을 지나면서 이 구호가 실제 상황이 되었다. 전국과 세계를 다니며 복음을 전한 결과 10만 선교의 동력이 이루어지고, TV와 유튜브를 통해 100만 조회가 성취되었다.

드림센터는 꿈의 현상소다. 엎드림, 두드림, 다 드림, 또 드림, 드림으로 다 된다. 어느 목사님의 말씀처럼, "부채도 신용이다. 빚이 있어야 빛 가운데로 걸어간다"는 믿음으로, 당시로서는 힘에 겨운 드림센터 건축을 시작했지만, 하나님의 은혜로 부채를 모두 갚을 수 있었다. 감사한 점 중 하나는, 코로나 시국에도 충분한 거리 유지를 할 수 있을 만큼 크고 아름다운 성전을 갖추게 된 것이었다.

하나님의 전적인 은혜로, 부산성시화운동본부와 부산기독교총연합회를 섬기며 교단의 크고 작은 일들을 도울 수 있었다. 드림센터 입당 후 곧바로 부산성시화운동본부에서 개최한 'After525 청년연합수련회'를 유치했는데, 당시 3,500명의 청년이 3박 4일 동안 드림센터에서 숙식하며 수련회에 참여했다. 이후 교단 어린이대회 5,000명, 교단 총회, 전국 단위의 다양한 행사를 치르며 더욱 '퍼 주는 교회', '섬기는 교회'로 자리매김하게 되었다. 2024년 여름 청소년수련회에는 농어촌 교회와 미자립 교회 청소년 1,000명을 초청하여 2박 3일간 숙식을 제공하고, 내로라하는 강사진과 찬양 팀과 함께 다음 세대가 마음껏 꿈을 펼치도록 섬겼다.

"그 작은 자가 천 명을 이루겠고 그 약한 자가 강국을 이룰 것이라 때가 되면 나 여호와가 속히 이루리라"(사 60:22).

부임 당시 권사님은 두 명뿐이었지만, 지금은 12개 권사회로 1,200명이 되었다. 작은 자가 천 명을 이루는 일천강국을 이루게 된 것이다.

드림센터가 세워지면서 1,000명의 찬양대가 조직되었고, 덕천 성전, 화명 성전, 금곡 드림센터와 실시간 영상으로 매일 새벽 기도회에 1,000명이 함께하고 있다. 그리고 교회와 나라, 지역 사회와 가정, 개인을 위해 수시로 기도하는 중보 기도 대원이 1,000명, 더우나 추우나 잃어버린 영혼을 찾아 나서는 전도대원이 500명, 다음 세대를 품고 양육하는 교회학교 교사가 500명에 달한다. 이 외에도 식당, 차량, 안내, 방송, 청소 등 각종 파트에서 아름답게 섬기는 1,000명의 섬김이까지, 모두가 포도원교회의 주역이자 성장의 엔진이 되었다.

선교의 교두보, 양산 미션센터

포도원교회의 역사를 보면, 한 단계씩 도약할 때마다 비약적으로 발전해 왔다. 양산 지역에는 양산 교구, 물금 교구, 범어금산 교구 등 총 세 개의 대교구가 있으며, 부산 3성전에서 예배드리기 위해 물금, 범어, 양산에서 오는 교인만 1,000명이 넘는다. 그래서 그분들을 위해 양산 지역에도 성전이 세워지기를 기도해 왔다. 그러던 중 수년 전, 우연히 루디아 선교사님을 만나게 되었다. 화명동 지역이 살기 좋고, 은퇴 후에는 포도원교회 인근에서 살고 싶어 아파트를 준비했다고 했다. 그런데 해외에서 사역하던 중, 그 아파트를 양산에 세울 선교센터에 헌물하기로 결정했다며 교회에 알려 왔다.

선교의 교두보가 될 양산 성전을 위해 물금 신도시에 부지를 확보했다. 물금 신도시는 어린이가 많은 지역 중 하나이며, 지하철역까지 3분 이내 역세권에 신도시 중앙에 위치한다. 지난 2025년 7월 27일에 '양산 미션센터'를 완공하고 입당 감사 예배를 드렸다. 1층은 주차장, 2층은 아름다운 카페와 사무 공간, 3-4층은 본당과 소예배실로 구성되어 있다. 320석 규모의 아트홀은 본당이자 문화와 예술 선교 공간으로 활용된다. 5-6층은 해외 선교사들이 편히 쉴 수 있는 게스트하우스인 '미션홈'으로 구성되어 있다.

이제 새벽 기도회에서 덕천 성전, 화명 성전, 드림센터, 양산 미션센터를 부를 수 있게 되었다. 이 선교센터가 포도원의 북한 선교와 세계 선교의 중심이 될 것이다.

선교의 땅끝, 아프리카 우간다 포도원교회

선교의 마지막은 아프리카다. 유니온비전과 함께 우간다에서 수년간 선교하며 괄목할 성장을 이루었다. 처음에는 우간다에 방문해 목회자들을 모아 단기 신학 교육을 진행했다. 우간다,

케냐, 르완다, 탄자니아 등 주변국 목회자들을 대상으로 신학강좌를 열었다. 거기에서 은혜와 의욕이 충만한 목회자들에게 예배당을 하나씩 세워 주었다. 또한 그 교회에서 큰 부흥을 이룬 목회자들을 선발해 한국으로 초청하여 포도원교회에서 두 차례 선교대회를 열었다.

다시 방문해 보니 2,000개가 넘는 교회가 세워졌고, 학교도 많이 설립되었다. 3,000개의 교회와 300개의 학교를 세우는 '3,300운동'이 거의 완성 단계에 이르렀다. 이에 신학대학과 사범대학을 짓기로 하며 우리 교회가 앞장섰고, 현재 학교 대부분을 완공했다. 작년(2024년) 봄에 방문하니 입학식과 졸업식을 치를 대강당이 없어, 다시 우리 교회에서 전액 헌금으로 3,500석 예배당을 건축 중이다. 아프리카 우간다에서 가장 큰 교회다.

지난 부활절에 부산 1,800개 교회 연합 예배를 부산외국어대학교에서 인도했는데, 그때 모인 인원보다 건축 중인 우간다 포도원교회에서 모인 인원이 더 많았다. 포도원교회의 선교는 겨자씨만 한 믿음으로 시작하여 어느새 산을 옮기게 되었다. 복음이 부산, 양산, 울산, 마산을 넘어 아프리카 땅끝까지 이르게 된 것이다. 참으로 감사한 일이다.

✢

포도원교회의 세 가지 자랑은 뜨거운 새벽 기도,
예배 시간에 앞자리부터 앉는 성도들의 열정
그리고 간결한 대표 기도다.

2부

김문훈 목사의
여주동행(與主同行)

5

시골 소년 성장기

외롭고 힘든 고독의 때야말로
하나님과 가장 가까이 지낼 수 있는 둘만의 시간이다.

"또 그의 종 다윗을 택하시되 양의 우리에서 취하시며 젖 양을 지키는 중에서 그를 이끌어 내사 그의 백성인 야곱, 그의 소유인 이스라엘을 기르게 하셨더니 이에 그가 그들을 자기 마음의 완전함으로 기르고 그의 손의 능숙함으로 그들을 지도하였도다"(시 78:70-72).

다윗은 이새의 여덟 아들 중 막내로 태어났다. 외모로 보나 집안 형편으로 보나 특별히 두드러질 것이 없었기에, 부모는 그에게 큰 기대를 걸지 않은 것 같다. 형이 일곱이나 있었기에 그는 잔심부름을 도맡으며 성장했고, 특별한 대접도 받지 못한 채 자랐다. 그러나 하나님을 향한 그의 믿음만큼은 참으로 귀하고 단단했다.

　어린 시절부터 그는 들에서 양을 돌보았다. 푸른 초장에서 양을 먹이고, 때때로 사자나 곰이 나타나 양을 해치려 할 때면, 하나님께서 주시는 힘과 지혜로 맹수를 물리치며 양을 지켰다. 그렇게 그는 하나님의 인도하심과 보호하심을 삶의 현장에서 직접 체험하게 되었다.

　사무엘 선지자로부터 기름 부음을 받은 후에도 그는 변함없이 들판으로 나가 양을 돌보는 성실한 소년이었다. 왕궁에서 태어난 것도, 특별한 교육을 받은 것도 아니었지만, 다양한 삶의 환경을 통해 그는 하나님의 사람으로 다듬어졌다. 하나님은 일상 속에서 사람을 훈련하시는 분이다. 당시에는 미처 알지 못했지만, 지금 돌이켜보면 나 또한 여러 환경과 일을 통해 하나님께서 다양한 방식으로 훈련하셨음을 고백하게 된다.

세상과의 첫 만남

나는 1959년 11월 6일, 경상북도 문경에서 다섯 남매 중 셋째로 태어났다. 문경은 경상도와 충청도가 맞닿은 첩첩산중의 산골로, 대한민국 지도 한가운데를 손가락으로 콕 찍으면 닿는 곳이 바로 문경새재다.

이 고갯길은 '새도 쉬어 넘는다' 하여 '조령'(鳥嶺)이라 불리기도 하고, 억새가 무성해 '새재'라 불리기도 한다. 조선 시대부터 영남에서 한양으로 향하던 가장 큰 대로가 바로 이 길이었다. 과거를 보러 떠나는 영남의 선비들이 한양을 향해 꿈을 품고 걸어갔던 길이다. '문경'이라는 지명도 과거 급제 소식을 가장 먼저 듣는 고장이라는 뜻에서 유래되었다고 전해진다.

사방이 산으로 둘러싸여 있었기에 바다나 해산물은 구경하기 어려웠다. 어릴 적 먹어 본 해산물이라고는 새우젓이나 간고등어 정도가 전부였다. 그러나 산 좋고 물 맑은 고장이었기에, 마을 사람들은 인정이 넘치고 따뜻했다. 무엇보다 하나님께서 지으신 자연 속에서 마음껏 뛰어놀 수 있었던 것은 참으로 감사한 일이었다.

우리 집은 아들 넷에 딸 하나, 마치 '독수리 오형제'를 연상하게 하는 구성으로 늘 시끌벅적했다. 함께 몰려다니며 웃고 떠들기도 했고, 어느 순간에는 치고받으며 싸우기도 했다. 장남인 큰형은 귀하게 대접받았고, 둘째 형은 장남 다음이라는 이유로, 넷째는 외동딸이라서, 막내는 막내라서 부모님의 각별한 관심을 받았다. 그러나 셋째였던 나는 상대적으로 관심 밖에 놓이기 일쑤였다.

그 덕분에 자생력이 자연스럽게 길러졌다. 무엇이든 스스로 알아서 해야 했고, 내성적인 성격 탓에 다른 이에게 도움을 요청하기보다는 혼자 조용히 어깨너머로 배우는 일이 많았다. 그러다 보니 눈치가 빨라졌고, 말하지 않아도 해야 할 일을 알아서 하는 성격이 형성되었다. 집 안에서는 늘 있는 듯 없는 듯 조용히 지내곤 했다. 형제가 많은 탓에 마음을 드러낼 여유도 별로 없었다.

끝없는 열정의 근원, 아버지

아버지는 일남 일녀 중 장남으로, 방앗간을 운영하던 마을의 유지였다. 비록 시골이었지만 근방에서는 손꼽히는 부자였고, 농기구나 생활용품도 이웃들이 우리 집에서 빌려 쓸 정도였다. 리어카나 라디오처럼 새로운 물건이 나오면 가장 먼저 우리 집에 들어왔고, 마을 사람들은 그것을 구경하러 몰려오곤 했다.

방앗간을 운영했기에 집 안은 늘 고소한 기름 냄새로 가득했다. 드럼통이 여기저기 놓여 있었고, 하루는 방앗간 발동기 소리로 시작되었다. 발동기에 벨트를 걸고 시동을 당기면 기계 전체가 일사불란하게 움직이기 시작했는데, 그것은 마치 성령께서 임하시면 인생의 동력이 걸리는 것과 같은 느낌이었다.

아버지는 늘 분주하셨고, 마을에 힘이 필요한 일이 생기면 누구보다 먼저 나서셨다. 체격도 건장하고 힘도 좋아 사람들은 아버지를 '장수 어른'이라 불렀다. 마을 앞에 있는 큰 저수지 둑도 아버지의 손으로 쌓아 올린 것이다. 굴착기도, 수레도 없이 산에서 바위를 캐어 지게에 져 나르며 직접 만드셨다.

일 욕심이 많은 아버지는 늘 눈코 뜰 새 없이 바쁘게 사셨다. 지금의 나도 바쁘게 산다고들 하지만, 아버지에 비하면 아직 멀었다고 느낀다. 마을의 대소사에는 늘 아버지의 그림자가 있었다. 들일이 있을 때면 막걸리 한 주전자를 들고 나가 끼니를 때우며 종일 일하셨다. 새벽부터 달이 떠오를 때까지 밥 먹는 시간조차 아껴 가며 일하셨기에, 나 역시 밥 먹으면서 쓸데없는 이야기를 나누지 않는 습관이 자연스레 몸에 배었다.

"왕대밭에 왕대 난다"는 말처럼, 아들은 아버지를 닮아 자라기 마련이다. 밥 먹는 시간까지 줄여 가며 더 많은 일을 하려는 지금의 내 모습도 결국 아버지를 닮은 것이다.

아버지는 옛날 분이었기에 "사랑한다"라는 말을 하신 적은 없었지만, 틈틈이 함께 시간을 보내며 내가 사랑받는 존재임을 느끼게 해 주셨다. 시간이 나면 나를 무릎에 앉혀 옛이야기를 들려주셨고, 장에 다녀올 때면 늘 색과자를 사 오셨다. 어머니는 색소를 걱정하셨지만, 아버지는 아이들의 기대를 저버리지 않으셨다. 굶기기보다는 기를 살려 주는 쪽을 택하신 것이다.

　아버지는 내가 중학교 3학년 때 세상을 떠나셨다. 그전에 집을 대대적으로 수리하셨는데, 그 일을 마치고 떠나신 것을 보며, 나는 사람이 큰일을 마무리하면 사명이 끝나거나 긴장이 풀려 세상을 떠나게 된다고 생각하게 되었다. 철이 들기 전에 아버지를 여의었기에 깊은 이야기를 나누지 못한 것이 늘 아쉬움으로 남아 있다. 그러나 책임감 있고 성실하며 열정적이었던 아버지의 모습은 내 인생의 본이 되었고, 말보다 행동으로 보여 주신 사랑에 늘 감사하고 있다.

말 없는 헌신과 사랑, 어머니

아버지가 스케일이 큰 분이었다면, 어머니는 무척 섬세하고 작은 것 하나까지도 꼼꼼하게 챙기는 분이었다. 기억력도 뛰어나, 방앗간을 운영할 때 외상 장부를 들춰 보지 않고도 누가 무엇을 얼마만큼 가져갔는지를 정확히 기억해 내셨다.

　종갓집 며느리로서 집안 행사를 준비하고, 남편을 내조하며, 다섯 남매를 키우느라 하루도 쉬지 못하고 늘 분주히 살아

오셨다. 항상 말없이 뒤에서 가족을 돌보셨지만, 정작 당신은 많은 것을 희생하고 계셨다. 당시에는 모든 어머니가 다 그런 줄 알았으나, 내가 자식을 낳아 길러 보니 어머니처럼 사는 것이 결코 쉬운 일이 아님을 깨닫게 되었다.

  어머니의 사랑과 헌신을 듬뿍 받으며 자란 나는 타인을 배려하고 사랑하는 법을 자연스럽게 배울 수 있었다. 지금도 기억에 남는 일이 있다. 공부 때문에 집을 떠나 있던 큰형님이 오랜만에 집에 돌아온 적이 있었다. 객지 생활로 야위고 지친 형님의 얼굴을 본 어머니는 마음이 아파서, 형님이 좋아하던 찰떡을 해 주려고 직접 디딜방아를 찧으셨다. 그런데 장난치던 형들이 실수로 어머니의 손을 방아에 찧어 버리고 말았다. 약했던 손가락은 그 자리에서 부러졌고, 마을은 산골이라 병원도, 진통제도 없었다. 어머니는 밤새 아픈 손을 부여잡고 우셨지만, 그 일로 자식들을 단 한 번도 꾸짖지 않으셨다. 어머니는 늘 그러하신 분이었다.

  고등학교를 대구로 진학했을 때 대구에서 자취를 하면서 주말에는 문경 집으로 갔다. 우리 마을에서 대구까지 가려면 아직 어둠이 가시지 않은 새벽에 일어나 십 리를 걸어가 경북선 열차를 타야 했다. 알람 시계 하나 없는 산골에서 어머니는 단 하루도 늦잠을 주무신 적이 없었다. 어김없이 꼭두새벽에 일어나 나를 깨우고, "공부하려면 아침을 든든히 먹어야지" 하며 따뜻한 밥을 지어 상을 차려 주셨다. 내가 눈을 감은 채 밥을 먹는 동안, 어머니는 반찬 보따리를 챙겨 주셨다. 그렇게 나는 새벽 열차를 타고 지각 한 번 없이 등교했다.

지금 내가 시간을 엄수하고 일상을 철저히 관리하는 습관은 그 시절 어머니로부터 배운 것이 분명하다. 어머니의 따스한 손길이 더욱 그리워진다.

어머니 품과 같은 교회 앞으로

우리 집 뒤에는 작은 교회 하나가 있었다. 마을에는 놀 거리가 별로 없어 심심할 때 자연스레 드나든 것이 내가 교회를 처음 만나게 된 계기였다. 그 교회의 이름은 '과곡교회'였다. 과일이 많고 골이 깊은 마을이라는 뜻에서 붙은 이름이라 한다. 일제강점기에 한 침례교 선교사에 의해 세워졌고, 훗날 장로교 전도사가 부임하면서 교단이 바뀌었다.

우리 집은 불교를 신봉하는 종갓집이어서 부모님은 종교 문제에 매우 엄하셨다. 그러나 내가 다섯 형제 중 셋째로 어리고 철없던 시절이라 '저러다 말겠지' 하며 처음에는 그냥 내버려

두셨다. 그렇게 나는 놀이터 드나들듯 교회를 오가며 시간을 보냈다. 성탄절에는 빵을 나눠 준다기에 찾아가 얻어먹기도 했는데, 지금 생각하면 모두 하나님의 은혜요, 귀한 추억이다. 한마디로, 지리적인 축복이었다.

'맹모삼천지교'(孟母三遷之敎)라는 말처럼, 사람이 자라나는 환경은 교육뿐 아니라 인생 전반에 지대한 영향을 미친다. 교회는 무엇보다 집 가까이에 있는 것이 중요하다. 철없던 시절, 배꼽을 내놓고 뛰놀던 나에게 교회는 놀이터이자 삶의 중심지였다. 주님의 부르심을 받기 전부터 나는 교회를 내 운명처럼 받아들이고 있었던 셈이다.

과곡교회는 시골 교회였기에 담임목사님은 안 계셨고, 대신 연로한 여전도사님이 계셨다. 그분이 바로 나의 '영적 어머니' 정남숙 전도사님이다. 전도사님은 나만 보면 "우리 문훈이는 목사감이야" 하며 유난히 예뻐해 주셨다. 혼자 교회에 다니는 모습이 안쓰러웠는지, 자주 말을 걸고 심부름을 시키셨다. 그때마다 얼마나 기쁘고 감사했는지 모른다. 전도사님은 은퇴 후에도 나를 위해 기도해 주셨고, 내가 포도원교회를 건축할 때는 장문의 편지를 보내며 세밀하게 지도해 주셨다. 정말 귀한 스승이시다.

어릴 적부터 일 욕심이 많았던 나는 교회에서도 마찬가지였다. 성탄절이면 요셉 역할은 꼭 내가 해야 했고, 독창도 내가 불러야 했으며, 전도사님의 심부름도 내가 맡아야 직성이 풀렸다. 다른 아이에게 심부름을 시키기라도 하면 크게 섭섭할 정도였다. 그런 유별난 성격이었지만, 그만큼 열심이기도 했다.

비록 그 시절에는 '목사가 되겠다'는 비전은 없었지만, 성실히 교회를 다니며 교회 중심의 삶을 살아갔다. 돌이켜 보면 그때의 열심이 내 영혼을 건강하게 키워 준 밑거름이 되었다. 모태 신앙은 아니었지만, 자연스레 예수님과 교회를 가까이하게 된 것은 큰 축복이었다.

외로운 믿음 생활이다

어린 시절, 나는 교회를 진심으로 사랑하는 아이였다. 그러나 집에서는 교회 다니는 것을 용납하지 않았기에, 나는 일찍부터 믿음의 길에서 수많은 고난을 감당해야 했다. 우리 집은 불심이 깊은 가정이었고, 스님들이 종종 머물 정도로 불교에 대한 헌신이 컸다. 한번은 마을 전체가 무속 행사를 치르게 되었는데, 그 중심 장소가 바로 우리 집이었다. 게다가 종갓집이었던 우리 가정에서 제사는 가문의 중요한 의식이었다.

하지만 교회에서는 제사를 드려서는 안 된다고 배웠기에, 나는 제사를 드리지 않겠다고 말했고, 그로 인해 매를 맞았다. 교회에 가기 위해 몰래 대문 빗장을 열다 삐걱이는 소리가 나서 또 매를 맞았고, 담을 넘어 다녀오면 지게 작대기를 든 아버지가 기다리고 계셨다. 교회에 가는 날은 곧 매 맞는 날이었다. 그럼에도 나는 단 한 번도 교회 출석을 거르지 않았다.

그 시절의 믿음 생활은 참으로 외로웠다. 매를 맞는 고통보다 더 큰 아픔은, 함께 기도해 줄 가족도 없고, 나를 위해 기도해 주는 이조차 없다는 사실이었다. 어린 마음에도 그것이 얼마나 서럽고 아팠는지, 말로 다 표현할 수 없었다. 그럼에도 불구하고 신앙을 지킬 수 있었던 것은 전적으로 하나님의 은혜였다. '에잇, 더러워서 못 하겠다. 이제 그만두자'라는 생각은 단 한 번도 해 본 적이 없었다. 오히려 포기할 수 없는 절박함이 마음 깊은 곳에서 일렁였다. 그 절박함은 나로 하여금 남들보다 더 깊이 하나님께 매달리게 했다. 더 많이 기도하게 했고, 매 순간 하나님을 찾게 만들었다. 지금 돌아보면, 그것은 오히려 축복의 시간이었다.

형통의 대표적 인물로 꼽히는 요셉이 떠오른다. 그는 구약의 인물 가운데 예수님을 가장 많이 닮았다고 평가받으며, 허물이나 흠을 찾기 어려운 사람이었다. 하지만 막연히 요셉처럼 살고 싶다고 말하기 전에, 정말 그렇게 살고 싶은지를 깊이 고민해야 한다. 그의 인생은 우리가 보기에는 도무지 복이라고 말하기 어려운, 지지리도 복 없는 삶이었다. 어머니는 동생을 낳다가 세상을 떠났고, 믿었던 형들에게 배신당해 인신매매를 당했으며, 노예로 팔려 낯선 땅에서 종살이를 해야 했다. 게다가 억울한 누명을 쓰고 감옥에까지 갇혔다. 그의 삶은 그야말로 끝없는 내리막길이었다.

감사할 거리를 눈 씻고 찾아봐도 찾을 수 없을 만큼 암담한 삶이었지만, 성경은 그 순간에도 하나님께서 요셉과 함께하셨다고 증언한다.

"여호와께서 요셉과 함께하시므로 그가 형통한 자가 되어"(창 39:2).

이 구절은 매우 중요하다. 성경을 보면, 하나님이 함께하시는지 여부가 곧 축복과 저주의 갈림길이었음을 알 수 있다. 이스라엘 백성이 전쟁을 당하고, 성전이 불타고, 포로로 끌려가는 것이 진정한 심판이 아니었다. 그 모든 것보다 더 큰 심판은, 하나님께서 그들과 함께하지 않고 떠나 버리시는 것이었다. 하나님이 얼굴을 돌리시면, 그 순간부터 모든 것이 무너지는 것이다.

반대로 하나님이 함께하시면, 비록 외롭고 고단한 자리라 할지라도 하나님의 영광과 능력이 그곳에서 드러난다. 요셉이 하나님의 임재를 경험한 것은 풍족하고 따뜻한 시절이 아니었다. 오히려 적막한 이방 땅에서 친구도, 가족도, 인권도 없이 홀로 남겨졌을 때였다. 그때 하나님이 그와 함께하셨다.

우리 역시 하나님의 임재를 가장 깊이 체험하는 순간은, 종종 외롭고 힘든 시절이다. 그 고독의 때야말로 하나님과 가장 가까이 지낼 수 있는 둘만의 시간이며, 신앙의 추억과 낭만이 깃든 계절이다. 그리고 그 시간이야말로 하나님께서 우리의 인생을 아름답게 빚어 가시는 형통의 시작임을 잊지 말아야 한다.

# 6

고난의 터널과 새 은혜

고통과 슬픔은 인간의 마음을 하나님께 더 가까이 이끈다.
하나님은 고난의 순간에도 우리를 기다리시며,
그 품으로 오라고 부르신다.

"나의 영혼아 잠잠히 하나님만 바라라 무릇 나의 소망이 그로부터 나오는도다 오직 그만이 나의 반석이시요 나의 구원이시요 나의 요새이시니 내가 흔들리지 아니하리로다 나의 구원과 영광이 하나님께 있음이여 내 힘의 반석과 피난처도 하나님께 있도다"(시 62:5-7).

다윗은 외형적으로 주목받는 인물이 아니었다. 잘난 형들 틈에서 그저 평범한 막내였고, 형들의 구박을 받으며 심부름과 궂은일을 도맡아야 했던 소년이었다. 그러나 골리앗을 쓰러뜨린 뒤 그는 일약 영웅이 되었다. 하지만 그 뒤로 사울왕의 시기를 사게 되었고, 목숨을 부지하기 위해 광야를 떠돌며 때로는 미친 척 연기해 겨우 생명을 이어 가야 했다. 심지어는 사랑하는 아들 압살롬에게 쫓기는 수모까지 겪었다. 그러나 생사를 넘나드는 위기와 혹독한 시련 속에서도 다윗은 하나님을 원망하지 않았다. 오히려 그는 고난 속에서 더욱 하나님께 나아갔으며, 하나님만을 바라보고 의지했다.

고통과 슬픔은 인간의 마음을 하나님께 더 가까이 이끈다. 하나님은 고난의 순간에도 우리를 기다리시며, 그 품으로 오라고 부르신다. 그 품 안에서 상처 입은 마음은 치유를 받고, 새 힘과 소망이 솟아난다. 존 비비어(John Bevere)는 그의 책 《존 비비어가 말하는 시련 그리고 영적 성장》(NCD 역간)에서 "시험과 시련이 사람의 자리를 결정한다"라고 말했다. 시련은 우리의 영적 상태를 드러내고, 위기의 순간에 어떻게 반응하느냐에 따라 신앙의 깊이가 드러난다.

다윗은 그런 시련 가운데서도 하나님을 찬양했고, 결국 하나님과 더 친밀한 관계로 나아갔다. 나 또한 마찬가지였다. 여학생에게 맞을 정도로 소심했던 나는, 아버지의 죽음을 겪으며 청소년기에 깊은 우울감에 빠졌다. 그 후 죽음의 문턱까지 갔다가 돌아오며 영혼과 육신이 한꺼번에 무너져 내리는 고통의 시간을 보냈다. 그러나 그 시간을 통해 하나님은 나를 연단하셨고, 믿음의 뿌리를 더 깊게 내려 주셨다.

소심한 아이

"예전에는 소심했다"라고 말하면, 지금의 나를 본 대부분의 사람은 믿지 못한다. TV나 강단에서 많은 사람 앞에서도 막힘없이 말을 하고, 유쾌한 농담도 곧잘 하는 내가 과거에 말로 표현할 수 없을 만큼 소심한 아이였다는 사실은 상상이 잘 가지 않을 것이다. 그러나 나는 정말 소심했다.

초등학교 1학년 때 학교에서 빵을 나누어 주는 일이 있었다. 나는 순서를 기다리며 설레는 마음으로 줄을 섰지만 끝내 빵을 받지 못했다. 이유를 묻지도 못한 채 상심한 마음으로 터덜터덜 집으로 돌아왔고, 아버지께는 학교에 가기 싫다고 울먹이며 말했다. 아버지는 그런 나를 안쓰럽게 여기며 말없이 "가지 않아도 된다"라고 하셨다. 결국 나는 그해 학교를 쉬었고, 아홉 살에 재입학하게 되었다.

재입학한 뒤에는 한 살 많다는 이유 때문인지 지는 것이 너무 싫었다. 승부욕이 생겨 공부에 열중했고, 늘 반에서 1, 2등을 놓치지 않았다. 과학경시대회에서도 수상했으며, 고등학교 시절에는 백일장에서 장원을 차지하기도 했다. 어머니는 내가 못해도 국회의원쯤은 될 것이라며 늘 격려해 주셨다. 그러나 어떤 상이나 칭찬도 내면의 소심함을 없애 주지는 못했다. 밖에 나가면 늘 주눅이 들었고, 어깨는 움츠러들었으며, 누가 말을 걸까 봐 고개를 푹 숙이고 다니던 아이가 바로 나였다.

하나님, 이게 뭡니까?

중학교까지 나는 성적이 늘 상위권이었다. 한번 시작하면 끝을 보는 성격이었기에, 신앙생활도 공부도 열심히 했다. 특히 연합고사를 준비하면서는 하나님께 좋은 학교에 가게 해 달라고 간절히 기도했다. '그동안 주일학교 교사로 충성했으니 좋은 학교로 보내 주시겠지' 하고 기대하기도 했다.

그러나 결과는 달성고등학교였다. 처음에는 '달성공원 옆에 있는 좋은 학교겠지' 하고 기대했으나, 막상 가 보니 시골 산자락에 도로 포장조차 되어 있지 않은 열악한 학교였다. 반면 신앙 없는 친구들은 명문 고등학교에 배정되었다. 나는 그 결과에 크게 실망하여 감사 헌금조차 드리지 않았다.

하지만 시간이 흐르며 하나님의 뜻을 깨닫게 되었다. 달성고등학교는 이후 명문고로 성장했고, 나는 그 학교의 좋은 선배가 되었다. 한 집회에서 내가 그 학교 졸업생이라고 했더니 당시 교사였던 한 장로님이 "그 학교는 지금도 판·검사를 다수

배출하는 학교"라며 자랑스레 말씀하셨다. 하나님은 내 기도를 잊지 않으셨고, 오히려 시간이 지나 더 좋은 것으로 응답하셨다. 이것이 바로 형통이다.

찰스 스펄전(Charles Haddon Spurgeon)은 사람을 "하나님의 은혜를 받고도 감사하지 않는 사람, 은혜에 감사하는 사람, 범사에 감사하는 사람" 세 부류로 나누었다. 참된 믿음은 어려움 중에도 감사하는 것이다. 보이는 현실 너머에 계신 하나님을 믿고, 아직 이루어지지 않은 응답을 미리 감사하는 믿음, 그것이 '선불 감사'다. 예수님께서 나사로를 살릴 때에도 기적이 일어나기 전에 먼저 하나님께 감사드리셨다.

"아버지여 내 말을 들으신 것을 감사하나이다"(요 11:41).

믿음은 아직 보이지 않는 하나님의 일을 미리 감사하는 데서 출발한다. 선불 감사를 드릴 때, 하나님은 놀라운 방식으로 역사하신다.

아버지의 부재와 함께 시작된 방황

아버지는 당신의 몸도 돌보지 않고 일에 몰두하다가 결국 과로로 쓰러지셨다. 내가 중학교 3학년 때였다. 아버지는 대구 동산병원에서 세 차례의 큰 수술을 받으셨지만, 끝내 회복하지 못하고 세상을 떠나셨다. 아버지의 부재와 함께 집안 형편은 점점 기울기 시작했다. 당시에는 먹고살기 어려웠지만, 돌이켜 보면 나에게 강한 독립심을 키우게 한 계기가 되었던 것 같다.

경제적 어려움도 컸지만, 어린 나이에 아버지를 잃은 충격과 상실감은 그 무엇으로도 채워지지 않는 깊은 공백이었다. 아버지의 죽음 이후 나는 무려 11년 동안 자취 생활을 하게 되었는데, 그 시절은 참으로 외롭고 고단했다.

고등학교 3년 동안은 대구 내당동의 한 아파트에서 자취했는데, 그 집 아주머니는 나를 친자식처럼 돌봐 주셨다. 지금까지 살아오며 그분처럼 자상하고 따뜻한 분을 만나 본 적이 없다. 만약 〈TV는 사랑을 싣고〉 같은 프로그램에 출연할 기회가 생긴다면, 꼭 그분을 다시 찾아뵙고 인사드리고 싶다. 객지에서 홀로 생활하던 나를 측은히 여겨 때로는 아들처럼 챙겨 주시고, 일상의 사소한 것들까지 세심하게 배려해 주신 분이었다.

그럼에도 불구하고 내 마음 깊은 곳의 외로움은 쉽게 채워지지 않았다. 나를 이끌어 주고 가르쳐 줄 어른이 곁에 없었고, 누군가 나타나 "이렇게 하면 된다", "그렇게 하는 것이 좋다"라고 말해 주기를 항상 마음 한편에서 갈망하고 있었다. 고민도 많고 궁금한 것도 많은, 감정적으로 불안정했던 청소년기였기에 은근슬쩍 방황하기도 했다. 하지만 소심한 성격 탓에 드러내 놓고 반항하지 못하고, 속으로 끙끙거리며 혼자 고민만 하곤 했다.

그 시절 나는 대구 성산교회를 다녔다. 교회에는 나를 진심으로 챙겨 주던 형이 한 명 있었는데, 그 형이 미국으로 이민을 가면서 다시금 깊은 외로움이 찾아왔다. 어쩌다 한번 집에 내려갈 때면 용돈을 아껴 과일 한 봉지를 사 들고 가곤 했는데, 그것은 고생하시는 어머니께 학생 신분일지라도 무엇이든 드려야 한다는 큰형님의 가르침 덕분이었다. 아버지가 돌아가신 뒤, 큰형님은 가장으로서의 역할을 꿋꿋이 감당했다. 한 가정의 장남으로서 우리 가족을 든든히 이끌며, 자식 된 도리가 무엇인지를 몸소 보여 주었다.

그렇지만 아무리 좋은 형님과 어머니가 계셔도 아버지의 빈자리를 완전히 메우기에는 부족했다. 내 마음 한편이 늘 허전하고 쓸쓸했던 이유는, 바로 그 부재 때문이었다.

회심, 광야에서 만난 하나님

신앙에 대한 열정은 있었지만, 하나님을 아는 지식보다 몸이 앞섰던 시기였다. 그러나 그 열정은 점차 식어 갔고, 교회는 점점 낯설고 어색한 공간이 되어 버렸다. 교회에 있어도 마음은 멀리 떠 있었고, 마치 꿔다 놓은 보릿자루처럼 우두커니 앉아 있다가 돌아오기 일쑤였다.

그렇게 하루하루를 보내던 고등학교 3학년 어느 날, 학교 앞 내당동에 있던 예장 합동 측 교회에서 열린 부흥회에 우연히 참석하게 되었다. 그날 목사님께서 출애굽기 말씀을 강해하시던 중, 마음 깊은 곳에 강한 감동이 밀려왔다. 조용하지만 분명하고도 강렬한 하나님의 음성이 들려오는 듯했다. 그날 밤, 성령님께서 어리고 겁 많고 미숙하기 짝이 없던 한 소년의 마음을 사로잡으셨다. 아무도 돌보아 주는 이 없고 도움을 청할 곳조차 없던 광야 같은 인생 가운데 주님께서 찾아오신 것이다. 그 순간, 나는 결코 혼자가 아니라는 사실을 깨닫게 되었다. 하나님을 떠난 것은 나였지, 하나님께서 나를 떠나신 적은 없었다. 오히려 이전부터 늘 함께하며 나를 인도하고 계셨음을 확신하게 되었다.

그날 밤 나는 하염없이 눈물을 흘렸다. 회개의 눈물이었고,

또 미래에 대한 분명한 비전 앞에서 터져 나온 감격의 눈물이기도 했다. 뜨거운 눈물과 함께 밤을 지새우며 새로운 결단이 생겨났다. 혼란스럽기만 하던 내 앞길에 비로소 빛이 비치기 시작한 것이다.

그러나 나의 회심은 단번에 이루어진 것이 아니었다. 오랜 세월에 걸쳐 천천히 이어진 과정이었다. 하나님께서는 시간을 두고, 연약하고 깨어진 나를 치유하고 회복시키셨다. 신학을 공부하면서 가장 감사했던 것은, 누군가를 가르치고 이끌기에 앞서 나 자신이 먼저 치유되고 회복되는 은혜를 경험할 수 있었다는 사실이다.

나는 '나의 하나님'이라는 표현을 특히 좋아한다. 그것은 하나님께서 단지 성경 속 인물이 아니라, 내 삶의 사건과 시간 속에서 구체적으로 말씀하시고 나타나셨기 때문이다. 말씀을 단순히 묵상하는 데 그치지 않고, 그 말씀이 삶 속에서 실제로 체험될 때, 하나님에 대한 믿음은 더욱 굳건해지는 법이다.

나는 아브라함의 하나님을 만난 후, 믿음의 시작이 비록 불신 가정에서 비롯되었을지라도 그것이 복의 근원이 되는 씨앗임을 깨달았다. 이삭의 하나님을 알게 된 후에는 연약한 자를 들어 사용하시는 하나님의 뜻을 이해하게 되었다. 야곱의 하나님을 만난 후에는 기질적으로나 성격적으로 부족하고 문제가 많은 사람조차도 하나님께서 귀하게 쓰신다는 사실을 알게 되었다. 요셉의 하나님을 만나고 난 이후에는 인생의 반복된 반전 속에서 일하시는 역전의 하나님을 확신하게 되었다.

지금도 가끔 하나님께서 나 같은 사람을 다듬어 사역자로 세워 가신다는 사실에 깊은 감격을 느낀다. 사람의 변화만큼 놀라운 기적은 없으며, 하나님께서 그 일을 행하신다는 데에 경이로움을 금할 수 없다. 반드시 기억해야 할 것은, 하나님의 물레방아는 천천히 돈다는 점이다. 조급해할 필요가 없다. 하나님께서는 가장 좋은 타이밍을 아시는 분이며, 우리가 남과 비교하지 않고 하나님의 때를 기다릴 때, 놀라운 변화가 일어나는 법이다.

얼떨결에 신학교에 입학하다

어린 시절부터 소심하고 외로운 성격이었기에 혼자 있는 시간이 많았다. 그렇게 혼자 지내다 보니 자연스레 깊은 생각에 잠기곤 했는데, 그중에서도 하나님께서 주신 소명이 무엇인지에 대해 가장 많이 고민했다. 아버지마저 돌아가신 뒤로는 영적인 멘토도 없었기에 누구에게도 상담할 수 없었고, 그 외로움과 막막함은 세상에 홀로 남겨진 듯한 두려움으로 다가왔다.

그런 내 마음속에 '나 같은 소심하고 연약한 청소년들을 섬길 수 있는 지도자가 되고 싶다'는 비전이 자리 잡기 시작했다. 청소년기는 인생의 방향이 결정되는 중요한 시기다. 감정의 기복이 크고, 반항심과 정체성의 혼란을 겪는 이 시기에는 곁에서 이해해 주고 따뜻하게 품어 줄 수 있는 멘토가 꼭 필요하다. 나는 그런 사람이 되고 싶었고, 기도하는 가운데 신학교에 진학하기로 결단했다. '청소년에게 진정한 힘이 되는 카운슬러가 되자!'라는 다짐이 마음을 채웠다.

그러나 당시에는 신학교에 대한 구체적인 이해가 부족했기에 단순히 교단 이름만 보고 학교를 선택했다. 면접에서 교수님께서 "자네는 어떤 목회자가 되고 싶은가? 김준곤 목사님 같은 사람이 되고 싶은가?"라고 물으셨을 때, 나는 김준곤 목사님이 누구인지조차 몰라 어리둥절해하며 눈만 깜빡였던 기억이 아직도 생생하다.

신학교에 입학한 이후에는 기숙사에서 생활하며 학비를 충당하기 위해 다양한 아르바이트를 병행했다. 김치를 잘 먹지도 못하면서 김장철이면 대형 김치 창고에서 장화를 신고 일손을 거들었고, 교내 식당에서 식권을 판매하기도 했다. 한번은 선배 목사님께서 "예전에 학교 식당에서 식권 팔던 사람이 아니냐"라고 물으셔서 "지금은 안 팝니다"라고 웃으며 대답한 일도 있었다.

무려 열세 가지가 넘는 아르바이트를 했음에도 생활은 늘 빠듯했고, 아침은 자주 굶어야만 했다. 금식이 아니라 '굶식'이라는 표현이 더 어울릴 만큼 끼니를 놓치기 일쑤였다. 교회에 가는 날은 그나마 든든히 먹을 수 있는 날이었다. 찬양대 연습이 끝난 뒤 함께 음식을 나눌 때면 조용히 구석에 앉아 열심히 먹었고, 빵이라도 받으면 배가 찰 때까지 꾸역꾸역 먹곤 했다.

방학이 되면 신학교 건물의 야간 경비를 맡았다. 집에 돌아가도 마땅히 쉴 곳이 없었기에, 밤에 조금 고생하면 근로 장학금이 나오는 이 일이 내게는 소중한 기회였다. 몸은 힘들었지만, 그 시간 속에서 영적인 인내와 순종을 배우며 성장했다.

죽음의 문턱에서 새사람으로 살아나다

신학교 3학년 시절, 한창 공부에 열중하던 어느 날부터 이유 없이 속이 울렁거리고, 음식을 먹으면 자꾸 토하며, 시도 때도 없이 어지러움을 느끼기 시작했다. 귀는 늘 멍한 느낌이었고, 청각은 점점 약해졌다. 결국 동네 병원을 찾았는데, 큰 병원에서 정밀 검사를 받아 보라는 소견을 들었다. 대학병원에서 진단한 결과, 고막 안쪽에 '진주종'이라는 종양이 생겼다는 사실을 알게 되었다. 이 종양은 시간이 갈수록 커져 귀 안의 압박감을 높이고, 청력을 떨어뜨리며 어지럼증을 유발한다고 했다.

의사는 이 진주종이 단순한 질환이 아니라, 귀 안에 만성적인 염증과 통증, 난청을 일으킬 뿐 아니라 계속 자라면서 주변의 뼈와 조직을 파괴해 결국 죽음에 이를 수 있다고 했다. 게다가 수술을 해도 재발 가능성이 높고 예후도 좋지 않은 무서운 병이라고 했다. 병원 측은 이대로 두면 한 달을 살기도 어렵다는 절망적인 진단을 내렸다.

그때 나는 극심한 두려움과 절망에 사로잡혔다. 무거운 마음으로 성경을 펼쳤는데, 디모데후서 1장 7절 말씀이 눈에 들어왔다.

"하나님이 우리에게 주신 것은 두려워하는 마음이 아니요 오직 능력과 사랑과 절제하는 마음이니"

그 말씀은 마치 어둠 속의 등불처럼 내 마음을 환히 비추었다. 그 순간 마음속에 평안이 찾아왔다. '그래, 여기서 포기할 수는 없다. 반드시 이겨 낼 수 있다'는 확신이 생겼다. 이후 나는 부산대학병원으로 옮겨 수술을 받았고, 거의 1년간 투병 생활을 이어 갔다. 열심히 일해 모아 두었던 돈은 모두 수술비와 치료비로 사라졌다. 당시 사람들은 나를 '꺼져 가는 등불'이라 불렀다. 언제 꺼질지 모르는 희미한 생명, 하루하루 간신히 살아가는 인생이었다.

총회장 목사님을 비롯한 많은 사람이 꺼져 가는 등불이 꺼지지 않도록 간절히 기도해 주셨다. 수많은 기도와 주님의 은혜 덕분에 나는 정상적인 생활을 할 만큼 회복되었다. 그러나 지금도 귀가 예민하여 피곤함을 쉽게 느끼기에, 시끄러운 장소에는 오래 머물지 않으려 하고 있다.

수술 후 병실에 누워 있던 어느 날, 하나님께서 내게 '하나님이 주신 대로, 받은 대로, 은사대로 하라'는 음성을 들려주셨다. 그 이후로 내 목회의 초점은 자연스럽게 '치유'와 '회복'으로 맞추어졌다. 죽을병을 겪으며 내 목회의 방향이 명확해진 것이다.

내 설교 주제는 대부분 '치유'와 '회복'이다. 따로 설명할 필요도 없다. 바로 내가 살아 있는 증거이기 때문이다. 그래서 '3자 목회'라는 이름으로 사역을 시작했다. 성도들에게 '자신감, 자긍심, 자생력'을 심어 주는 목회를 하기로 결심한 것이다.

물론 나를 통해 누군가 복음을 듣고 진리를 깨닫는 일도 매우 중요하다. 그러나 내가 신학을 공부하고 목회를 하며 얻은 가장 큰 소득은 바로 나 자신의 회복이었다. 나는 어릴 적부터 남의 눈치를 많이 보고, 말도 잘하지 못하며, 혼자 놀기를 좋아하는 소심한 아이였다. 그러나 성경 속 약속의 말씀을 접하고, 그 말씀을 선포하면서 내 자존감은 점점 회복되었다. 내 안의 은사도 계발되었고, 하나님의 형상도 회복되었다.

어릴 적 친구들은 얼굴이 긴 나를 '말 대가리'라며 놀리곤 했다. 그러나 창세기 1장 26절 말씀을 읽으며 큰 깨달음을 얻었다. "우리[하나님]의 형상을 따라 우리[하나님]의 모양대로 … 사람을 만들고"라는 말씀은, 내가 말(馬)을 닮은 것이 아니라 하나님의 형상을 닮은 존재이며, 우연히 태어난 것이 아니라 하나님께서 직접 창조하신 피조물이라는 진리를 가르쳐 주었다.

수학에는 공식이 있고, 영어에는 문법이 있으며, 과학에는 법칙이 있고, 집을 짓는 데에는 설계도가 필요하다. 마찬가지로 길을 찾기 위해서는 약도가 필요하듯이, 우리 인생에도 방향을 제시해 줄 지도가 필요하다. 무엇을 기준으로 인생을 세우고 풀어 나갈 것인가? 다른 사람의 시선인가, 세상의 잣대인가, 아니면 나의 목표인가? 그 모든 질문의 정답은 단 하나, 하나님의 말씀인 성경이다.

반석 위에 집을 짓듯, 말씀의 반석 위에, 신앙의 고백 위에 서야 인생도 바로 선다. 창세기 1장 말씀을 제대로 깨달으면 인생이 180도 달라진다. 그 말씀 안에서 하나님이 창조하신 우리 인생의 원형, 곧 '나는 누구인가', '나는 왜 태어났는가', '나는 무슨 일을 해야 하는가'라는 근본적인 질문의 답을 얻게 된다.

하나님의 특별한 선물, 아내와의 만남

나는 불신 가정에서 자랐기에 모태 신앙인들을 늘 부러워했지만, 하나님께서는 내게 놀라운 선물을 준비해 두셨다. 바로 아내였다. 아내는 3대째 신앙의 뿌리가 깊은 집안에서 태어난 복 받은 여인이다. 장인어른 강찬성 장로님은 신사 참배에 반대하다 진주 형무소에 수감된 목사님들을 뒷바라지하셨고, 장모님 역시 신사 참배 반대로 투옥된 적이 있으시다. 아내의 외삼촌은 고신 교단 총회장 정판술 목사님으로, 사직동교회를 부흥시키고 원로목사로 왕성하게 활동하다가 지난 2021년에 소천하셨다.

7남매 중 여섯째 딸로 태어난 아내는 집안에서 딸이 많은 것을 창피하게 여겨 유아 세례조차 받지 못했으며, 태어난 지 1년이 지난 후에야 부모님이 이름을 지어 주셨다. 몸이 약하고 성격이 여려 부모님의 눈치를 보며 자랐지만, 그런 아내에게 교회만큼은 마음이 편한 곳이었다. 그래서 어린 시절부터 교회와 자연스럽게 연결되어 있었다. 또한 똑똑하고 음악을 좋아해 찬양 경연 대회, 성경 퀴즈 대회, 암송 대회 등 거의 모든 대회의 상을 휩쓸며 교회를 다녔다.

아내는 아버지를 닮아 음악적 재능이 있었으나, 부모님께 자신의 뜻을 제대로 말씀드리지 못했다. 하지만 음악이 너무 좋았기에, 음악과 관련 있어 보이는 부산교육대학에 진학했다. 마침 그해 부산교대 음악과에서 주안 사업으로 오케스트라 육성을 시작해 첼로를 배우기 시작했는데, 음악의 매력에 점점 빠져든 아내는 초등학교 교사로 발령받기 전까지 고민하다, 결국 자신의 길을 걷기로 결심했다. 사표를 내고 대입 참고서를 잔뜩 사서 재수한 끝에 부산대학교 음대에 수석으로 입학해 수석으로 졸업했다.

엘리트라 할 만한 아내와 시골 촌구석에서 자란 전도사인 나의 인연은 평범하지 않았다. 장인어른은 진주에서 오르간 조립 공장과 비닐우산 공장을 운영했으나, 양산용 파라솔의 등장으로 사업이 망해 집안 형편이 어려웠다. 딸 여섯과 아들 하나를 먹여 살리기 위해 부산 부전시장 근처에 집을 얻어 살림을 꾸렸고, 그 집 옆에 위치한 부산북교회에서 나는 최초로 전도사 사역을 시작했다.

나와 아내의 첫 만남은 전도사와 청년부 자매로서였다. 아내는 그 교회의 손꼽히는 퀸카이자 최고의 신붓감이었다. 그녀를 만나기 전, 나는 두 번의 연애에서 모두 차였다. 이후로는 이성 교제에 자신이 없고 늘 소극적이었다. 현실적으로도 내세울 것이 없었고, 경제적·가정적 환경도 떳떳하지 못했다. 신학생이라는 말조차 믿기 어려울 정도였기에, 오직 기도밖에 할 수 없었다.

나는 여섯 달 동안 죽기 살기로 기도했다.

"하나님, 이왕 주시려면 가장 좋은 것으로 주시고, 안 주시려면 처음부터 막아 주십시오."

사도 바울이 아시아로 복음을 전하러 가려 할 때 환상을 보고 마게도냐로 발걸음을 돌린 일을 기억하며(행 16장), 나도 하나님의 뜻이 아니면 막아 달라고 간절히 기도했다. 그러나 여섯 달 동안 하나님은 아무 말씀도 하지 않으셨다. 결국 나는 하나님께서 허락하신 것으로 여기고 마음을 굳혔다.

"하나님께서 막지 않으셨으니, 일단 고(go) 합니다."

그렇게 작정하고 수요 예배가 끝난 어느 날, 나는 그녀에게 잠시 시간을 내 달라고 요청했다. 교회 앞 다방에서 마주 앉았는데, 긴장한 나머지 손가락이 파르르 떨릴 정도로 정신이 없었다. 안절부절못하는 나를 보고 그녀가 먼저 입을 열었다.

"무슨 할 말 있으세요?"

"아, 예, 별건 아닌데요…."

프러포즈의 첫 말이 '별건 아닌데요'라니! 다소 어색했지만, 이미 말은 쏟아진 뒤였다. 주워 담을 수도 없는 상황이었다. '대장부가 칼을 뽑았으니 무라도 썰자'는 심정으로 나는 재빠르게 말을 이었다.

"자매를 놓고 여섯 달 동안 기도했습니다. 하나님의 뜻을 정확히 알지는 못하지만, 허락하신 것으로 받아들였습니다."

머릿속이 하얘져 횡설수설했지만, 대략 이런 내용이었다.

그녀는 자신의 생각을 두 가지로 요약해서 답했다.

"저를 두고 기도하는 형제가 한 분 있어서 아직 뭐라고 대답하기 어렵습니다. 그리고 목회자의 아내가 될 생각은 한 번도 해 본 적이 없어서, 기도를 해 봐야 할 것 같습니다."

나중에 아내는 솔직히 털어놓았다. 가난해 보이고 불쌍한 신학생 앞에서 "제 결혼의 첫 번째 조건은 신학생 사절입니다"라고 딱 잘라 말하기 어려워 그렇게 말했다고 했다. 거절을 잘 못 하는 그녀 덕분에 우리의 만남은 계속 이어질 수 있었다.

우리는 같은 교회에 다니고 있었기에 괜한 소문이 나지 않도록 조심하며 만났다. 데이트 후 집에 돌아오면 꼭 데이트 평가서를 써서 잘한 점과 부족한 점을 정리했다. 다음 데이트 계획까지 세워 철저히 준비했으므로, 한마디로 '기획 테마 데이트'라 할 만했다. 이렇게 지혜롭게 데이트했기에 건강한 이성 교제에도 자신이 있었다.

그녀의 부모님께서는 강력히 반대할 줄 알았으나, 의외로 "네가 좋다면 굳이 말리지 않겠다"라며 허락해 주셨다. '오케이, 하나님께서 진행해 주시는구나!'라고 생각했다. 그러나 복병은 따로 있었다. 아내의 친정 식구들이 걱정하는 마음에 반대하고 나선 것이다.

"저 고생도 안 해 본 철부지가 그 까다로운 길을 간다니…."

"교회에는 여자들이 많아 말도 많고 마음고생이 심할 텐데 견딜 수 있을까?"

"시골에 있는 가족들이 모두 불신자인데 괜찮겠니?"

마음이 무거워진 아내는 다음 날 아침부터 매일 성경을 펼쳐 묵상했다. 그날 본문은 요한복음 7장 1-9절이었다.

"그 후에 예수께서 갈릴리에서 다니시고 유대에서 다니려 아니하심은 유대인들이 죽이려 함이러라 … 예수께서 이르시되 내 때는 아직 이르지 아니하였거니와 너희 때는 늘 준비되어 있느니라 … 내 때가 아직 차지 못하였으니 나는 이 명절에 아직 올라가지 아니하노라."

아내는 말씀을 묵상하면서 하나님께서 하시고자 하는 뜻을 깨달았다.

'오빠와 언니들이 나를 염려하고 아껴 주지만, 하나님과 그 뜻에 순종하는 데는 아직 익숙하지 않구나.'

그렇게 깨닫자 머릿속이 정리되고 마음이 평안해지면서 확신이 생겼다.

이렇게 하나님께서 밀어주신 덕분에 우리는 1986년 10월 1일, 결혼식을 올렸다. 물론 그 이후로 성격과 습관이 맞지 않아 애증이 교차한 적도 많았고, 의견 차이로 좌충우돌하기도 했다. 예를 들어, 먹는 습관만 봐도 그랬다. 나는 고춧가루를 팍팍 넣어 빨갛게 만든 얼큰한 전골을 먹어야 무엇인가 먹은 것 같고 속이 시원한데, 아내는 말갛게 끓인 국만 내놓았다. 처음에는 '싱겁게 먹어야 건강에 좋지'라며 스스로 위안했지만, 무엇인가 빠진 것 같은 느낌은 지울 수 없었다. 그래서 기분이 안 좋을 때면 아쉬운 소리를 하며 다투기도 했다.

우리는 성격도 다르고 자라온 환경도 달랐지만, 서로의 다름을 인정하고 받아들이니 마음에 여유도 생기고, 사랑도 커졌다. 가정은 하나님의 창조 섭리를 이해하고, 우리 안에 있는 하나님의 형상을 회복할 수 있도록 주신 소중한 선물이다.

아내는 내가 포도원교회에 부임한 해 가을, 소규모 성경 묵상반을 인도하기 시작했다. 학생 때부터 하루도 빠짐없이 해 온 큐티 경험을 바탕으로 나름의 노하우를 전수했다. 그 묵상반은 교회 성장과 함께 점점 커져, 현재 14학기를 거치며 500여 명의 수료생을 배출했다.

결혼 전에는 사모라는 길이 좁고 협착하게 느껴졌지만, 하나님의 뜻에 순종하며 걸어가 본 그녀는, 사모가 아니면 경험하지 못했을 하나님의 특별한 사랑을 깊이 체험했다고 고백한다. 어렵고 힘든 순간에도 불평 없이 묵묵히 함께해 준 든든한 돕는 배필이며, 유일이와 현명이를 하나님의 자녀로 잘 키우고 있는 지혜로운 어머니다. 나의 아내, 강진. 내게 이런 귀한 선물을 주신 하나님께 다시 한번 감사드린다. 하나님이 주신 선물, 가족이다.

✚
믿음은 아직 보이지 않는 하나님의 일을
미리 감사하는 데서 출발한다.
선불 감사를 드릴 때,
하나님은 놀라운 방식으로 역사하신다.

7

포도원교회, 특별한 은혜

그리스도인들에게는 하나님의 약속만이 전부다.
그 약속을 믿고 하나님의 일을 위해 최선을 다한다면,
모든 일이 이루어진다.

"무엇을 먹을까 무엇을 마실까 무엇을 입을까 하지 말라 이는 다 이방인들이 구하는 것이라 너희 하늘 아버지께서 이 모든 것이 너희에게 있어야 할 줄을 아시느니라 그런즉 너희는 먼저 그의 나라와 그의 의를 구하라"(마 6:31-33).

다윗은 사울왕이 죽은 후 유다 지파의 추대로 왕위에 올랐다. 그뿐 아니라 당시 사울을 지지하던 북쪽 열 지파의 지지까지 얻어, 30세라는 젊은 나이에 통일 이스라엘의 왕이 되었다. 그는 정치·군사·경제 모든 면에서 이스라엘 역사상 최고의 전성기를 누렸고, 가장 강력한 군주이자 최대 영토를 소유한 왕으로 기록되었다. 그럼에도 다윗은 겸손하게 행동했고, 하나님의 말씀을 청종하며 순복할 줄 알았다. 그렇기에 하나님도 그를 총애하셨다. 성경에서 유일하게 '하나님의 마음에 맞는 사람'으로 불리는 다윗을 통해 하나님은 많은 일을 이루셨고, 이스라엘은 부흥과 번영의 시기를 누렸다.

겉으로 보기에는 평탄하고 좋아 보이는 다윗과 이스라엘이었으나, 사실 그 이면에는 끝없는 이권 쟁탈과 전쟁, 권모술수, 피 흘림이 가득했다. 수많은 고통의 터널을 지나고 나서야 하나님의 축복을 누릴 수 있었다. 우리도 마찬가지다. 하나님이 원하시는 모습이 되어 그분이 부어 주시는 축복을 받기까지, 우리는 많은 것을 버리고 깎여야 한다. 하나님의 음성에 민감해야 하며, 그분의 명령이라면 모든 것을 포기할 줄도 알아야 하고, 고통 속에 숨은 하나님의 뜻을 바라볼 수 있어야 한다. 그 과정을 겪으며, 추상적이었던 하나님은 진정한 '나의 하나님'이 되신다.

나 또한 포도원교회를 이끌며 많은 시행착오와 어려움을 겪었다. 물론 지금도 완벽한 것은 아니다. 더 많이 배우고 성장해야 한다. 그러나 그간의 이야기를 통해 어려움 가운데 있는 이들이 조금이라도 힘을 얻고, 하나님의 뜻을 발견할 수 있기를 바란다.

포도원교회와의 만남

아내가 덕천중학교로 발령받으면서, 나도 자연스럽게 그 근처로 교회를 옮기게 되었다. 그것이 바로 포도원교회와의 첫 만남이었다. 그때 마침 담임목사님께서 대전으로 옮기시게 되어 교회가 비게 되었고, 나는 전도사 신분으로 설교를 맡게 되었다. 나름대로 정성껏 설교를 준비했고, 하나님의 은혜로 교회도 꽤 알차게 부흥했다. 그때 정들었던 집사님들이 지금은 장로님들이 되셨다.

그 후, 예전 부산북교회에서 모셨던 강도순 목사님을 추천하여 그분이 2대 담임목사님으로 부임하셨다. 나는 포도원교회를 떠나 제4영도교회(8년), 고신의대(7년), 한소망교회(4년)에서 주의 종으로 섬겼다. 그때만 해도 내가 이 교회의 담임목사가 될 것이라고는 꿈에도 생각하지 못했다.

하루는 큐티를 하며 창세기 12장 1-3절, "너는 너의 고향과 친척과 아버지의 집을 떠나 내가 네게 보여 줄 땅으로 가라 … 너는 복이 될지라 … 땅의 모든 족속이 너로 말미암아 복을 얻을 것이라"라는 말씀을 깊이 묵상했다. 이는 단순히 장소를 옮기라는 뜻이 아니었다. 익숙하고 편리하며 기득권을 누릴 수 있는 곳을 떠나라는 것은 쉬운 명령이 아니었다. 그러나 아브라함이 순종하자, 하나님은 엄청난 축복을 부어 주셨다. 복이 되는 약속을 주신 것이다.

믿음의 조상 아브라함의 자손은 전 세계에 걸쳐 약 44억 명에 달한다. 기독교뿐 아니라 유대교, 이슬람교도 아브라함을 조상으로 여긴다. 아브라함은 75세라는 적지 않은 나이에 하나님의 명령에 순종했고, 하나님은 약속대로 그의 후손을 하늘의 별과 바다의 모래처럼 번성하게 하셨다. 아브라함처럼 눈앞의 현실을 넘어, 하나님께서 복 주시는 미래의 땅으로 한 걸음 내딛는 것이 바로 '믿음'이다.

인생은 어차피 떠나는 과정이다. 모태를 떠나고, 부모 품을 떠난다. 엄마 배 속이 아무리 편안해도 그곳에서 열 달, 스무 달을 살 수는 없다. 때가 차면 나오는 것이 하나님이 정하신 섭리다. 아무리 아이가 귀엽고 예뻐도, 유치원과 초등학교에 보내야 한다. 딸이 귀해도 어머니가 대신 시집을 갈 수 없는 것이 인생의 순리다.

그럼에도 우리는 익숙한 곳을 떠나는 것을 두려워한다. 힘들 때는 울고 금식하며 기도하지만, 상황이 조금 나아지면 언제 그랬냐는 듯 편한 대로 살고 만다. 좋은 것이 있어도 불편하면 참고 익숙한 것을 고수한다. 하나님이 우리의 기업이고 재산이며 모든 것임을 잊고 산다. 선물 보따리에만 관심 있을 뿐,

그것을 주시는 분을 잊는다. 이 말씀이 내 마음을 깊이 두드렸고, 내내 마음에 남아 주일 설교에도 인용했다.

얼마 지나지 않아 포도원교회에서 나를 담임목사로 부르는 일이 생겼다. 강도순 목사님이 캐나다로 이민을 가시게 된 것이다. 처음에는 마음이 복잡했다. 시무하던 교회는 멋스럽고 우아하며 깔끔했고, 병원과 간호대학이 가까워 의사, 간호사, 교수들이 많이 출석하는 엘리트 교회였다. 교인들은 간섭받기 싫어서, 알아서 교회를 잘 다니고 헌금도 잘 내었다. 심방할 필요도 없었고, 사례금도 많아 서재에서 책을 보며 편히 지낼 수 있는 곳이었다.

반면 포도원교회는 부산 변두리에 있는 작고 촌스러운, 별 볼 일 없는 교회였다. 머리로만 생각해도 어려움이 훤히 보이는 곳이었다. 그러나 큐티 말씀은 마음에서 지워지지 않았다. 나는 아브라함처럼 나이가 많은 것도 아니고, 아직 한창인데 맨땅에 헤딩해 볼 만하다는 생각이 들었다. 하나님의 부르심임을 받아들일 수밖에 없었다. 부르셨으니 순종하는 일만 남았다. 인간적으로 앞이 깜깜했지만, 기대감에 부풀었다. 하나님께서 얼마나 크고 비밀한 일을 보여 주실지, 나를 통해 어떤 일을 행하실지 궁금하고 기대되었다.

오직 구원! 구원! 구원!

부임하자마자 뜻밖의 재정 사고가 발생했다. 건축위원장을 맡고 있던 장로님이 IMF로 사업이 어려워지자, 본인이 관리하던 건축 헌금을 자신의 회사에 투입한 것이다. 어려운 상황만 넘기면 다시 돌려받을 수 있을 것이라 판단한 일이었지만, 결국 회사가 부도가 나는 상황이 벌어지고 말았다.

이는 나에게 마치 날벼락과 같은 사건이었다. 연약한 인간인 나는 심히 마음이 어려울 수밖에 없었다. '내가 올 곳이 아니었나?', '무슨 잘못이라도 있는가?', '하나님의 계획은 무엇일까?' 하는 생각들이 머릿속을 가득 채웠다. 그러나 그저 생각만 하고 있을 수는 없었다. 세상을 주관하시는 하나님의 말씀을 붙잡는 수밖에 없었다. 하나님께서는 우리에게 복을 주며 생육하고 번성하여 충만하라고, 땅을 정복하고 다스리라고 말씀하셨다(창 1:28). 아무리 큰 문제라도 다스리면 되는 것이다.

가만히 있지 말고 문제에 적극적으로 맞서야 했다. 쉬운 일은 아니었지만, 나는 긍정적으로 상황을 바라보기로 결단했다. '설마 하나님께서 젊은 목사를 죽이려고 이런 사건을 일으키셨겠는가? 오히려 얼마나 복을 주려고 이러시는가?'라는 마음으로 받아들였다. 그리고 하나님께서 주신 일에 매진하기로 했다. 더 이상 이 문제로 교회가 시끄럽지 않도록 덮어 버렸다.

거기에 신경 쓰고 걱정할 시간에 영혼 구원에 최선을 다하기로 결심했다. 밤낮없이 영혼 구원을 위해 뛰고 또 뛰었다. 오직 구원! 구원! 구원뿐이었다. 그때부터 포도원교회의 폭발적인 부흥이 시작되었다. 그해 등록한 새신자는 500명이었다. 그다음 해에는 800명, 그다음 해에는 1,200명, 그다음 해에는 1,700명으로 기하급수적으로 교인이 늘어났다. 불과 5년이 지나지 않아, 출석 인원이 400명이던 포도원교회는 5,000명이 넘는 대형 교회로 성장했다.

더욱 놀라운 것은, 그해 연말 결산을 해 보니 잃어버린 돈만큼 재정이 다시 채워져 있었다는 사실이다. 하나님은 당신이 한 약속을 반드시 지키시는 분이다. 한때 산산조각 날 뻔했던 그리스도의 몸인 교회가 하나님의 은혜로 건강하게 성장한 것이다. 세상 사람들의 눈에는 단순하고 무식해 보일 수 있으나, 우리 그리스도인들에게는 하나님의 약속만이 전부다. 그 약속을 믿고 하나님의 일을 위해 최선을 다한다면, 모든 일이 이루어진다.

넘치도록 퍼 주는 교회

포도원교회는 1981년 3월 22일 설립되었다. 당시 교회 건물은 따로 없었고, 김창연 목사님의 인도로 은호맨션 103동에서 고(故) 이의규 장로님을 포함한 여덟 명이 함께 예배를 드리는 것으로 시작했다. 나중에 이의규 장로님이 교회 부지로 집을 헌물했다. 이 조촐한 교회는 단기간에 한국 교회 역사에서 찾아보기 어려운 급성장을 이루었다.

불교 신자가 많은 부산, 특히 도심도 아닌 변두리 지역에서 단기간에 초대형 교회로 성장하는 것은 인간의 상상과 능력을 훨씬 초월하는 일이다. 요즘은 지역별로 부산 남구는 수영로교회, 서구는 호산나교회, 북구는 포도원교회가 있다고도 한다.

포도원교회가 이렇게 성장한 데에는 여러 이유가 있지만, 그중 가장 큰 이유는 바로 섬김과 나눔이다. 어린 시절 즐겨 부르던 한 복음성가의 가사가 떠오른다. "사랑은 참으로 버리는 것 / 더 가지지 않는 것 … 이상하다 동전 한 닢 / 움켜잡으면 없어지고 / 쓰고 빌려주면 풍성해져 / 땅 위에 가득하네"(M. Reynolds 작사/작곡, 〈사랑은 더 가지지 않는 것〉)라는 가사다. 당시에는 그 의미를 잘 몰랐지만, 포도원교회에 와서 '버린다'는 뜻을 깊이 깨닫게 되었다.

포도원교회의 설립 정신은 '꾸어 줄지언정 꾸러 가지 않는 교회', '주되 넘치도록 퍼 주는 교회'다. 국내외 선교에도 힘써, 농어촌 교회와 기관 선교사들을 있는 힘껏 지원했다. 2000년이 되어서야 화명동에 종교 부지를 구입해 성전을 지을 수 있었다. 이렇게 선배 목사님들과 성도들이 불편을 참으며 심은 섬김과 나눔의 씨앗이 오늘의 포도원교회를 이루었다.

  아낌없이 나누어 주니 몇십 배, 몇백 배로 열매를 맺었다. 교회의 영성에 무게를 두고 여러 곳에 당신의 성전을 세운 포도원교회를 하나님께서 기뻐하고 축복하셨다고 믿는다.

"만일 형제나 자매가 헐벗고 일용할 양식이 없는데 너희 중에 누구든지 그에게 이르되 평안히 가라, 덥게 하라, 배부르게 하라 하며 그 몸에 쓸 것을 주지 아니하면 무슨 유익이 있으리요 이와 같이 행함이 없는 믿음은 그 자체가 죽은 것이라"(약 2:15-17).

주님이 쓰시면 한계는 없다

뉴딜 정책을 통해 대공황을 극복하고 제2차 세계대전을 승리로 이끈 프랭클린 루스벨트(Franklin Roosevelt) 대통령도 원래부터 리더십이 탁월한 인물은 아니었다. 그는 어릴 적부터 대통령이 되는 꿈을 꾸었지만, 소심한 성격 때문에 쉽게 행동으로 옮기지 못했다. 그래서 매일 거울 앞에 서서 자신감 있는 표정을 연습했다. 처음에는 매우 어색했으나, 반복 연습을 통해 표정이 자연스러워졌고, 생각까지 긍정적이고 외향적으로 바뀌었다. "전쟁에 처음 투입되는 사람들은 누구나 막연한 두려움을 갖게 된다. 그때 필요한 것은 '전쟁 따위는 전혀 무섭지 않다'는 생각과 표정으로 맞서는 일뿐이다"라는 그의 고백은 나에게도 깊이 와닿는다.

나는 원래 소심하고 소극적인 성격에, 대인 공포증까지 있어 사람들 앞에 서는 것이 극도로 부담스러웠다. 반면 혼자 조용히 신문을 읽고 스크랩하며 잡독하는 일은 거의 취미처럼 좋아하는 편이었다. 나는 무대 체질이라기보다는 혼자 노는 체질이다. 전국에서 강사로 활동하는 지금도 여전히 어색함이 남아 있다. 그러나 혼자 읽고 공부한 것들이 어느 순간 내 노하우가 되었고, 수년간 해 온 큐티 생활과 고신의대 및 간호대 교목으로서의 채플과 강의, 제자 훈련을 통해 말씀의 기초가 단단히 다져진 것은 말할 것도 없다.

전도사 시절, 학생 수련회에서 특강 강사로 설 때는 걱정과 불안으로 며칠 밤을 새워 원고를 준비했던 기억이 있다. 사람들 앞에 선다는 것은 나에게 큰 스트레스였다. 목사 안수를 받고 노회에 참석했을 때, 선배인 김병수 목사님과 오랫동안 이야기를 나누었는데, 그분은 끝내 나를 가만히 쳐다보며 "너는 부흥사가 되겠다"라고 말씀하셨다. 당시 속으로는 '이게 무슨 말도 안 되는 소리인가'라고 생각했다.

그 후 친구 김진국 목사(안락중앙교회)의 가족이 있는 부산 장산로교회의 부흥회 인도를 부탁받았다. 그것이 나로서는 처음 맡는 부흥회 인도였다. 긴장해서 어떻게 인도했는지 기억이 잘 나지 않는다. 강단에서 내려오니 다리가 후들거리고 온몸에 식은땀이 흘렀다.

내가 전국적인 강사로 나서게 된 것은 정말 '우연'이었다. 감람산기도원에서 철야 집회가 있었는데, 강사가 갑자기 나오지 못하게 되어 내가 임시로 대체 강사 역할을 하게 된 것이다. 기도원의 이옥란 원장님은 내 설교를 처음 듣고 혜성처럼 떠오른 사람이라며 멋지게 소개해 주셨다. 그 일이 계기가 되어 수원중앙침례교회에서 집회를 인도하게 되었고, 기독교 텔레비전 방송에서 그 집회 실황을 송출하자 반응이 좋았다. 덕분에 밀레니엄 특강 강사로도 활동할 수 있었다.

어린 시절 내 모습을 돌아보면, 지금의 내 모습에 나 자신도 놀랄 때가 많다. 하나님께서 사람을 사용하시는 방법은 누구도 예측할 수 없는 일임을 절감하게 된다. 내 설교의 가장 큰 특징 중 하나인 사투리도 마찬가지다. '김문훈 하면 경상도 사투리가 떠오른다'고 할 정도로 하나의 브랜드가 되었다.

표준어가 아닌데다, 목사로서 촌스럽고 일반적이지 않게 보일까 봐 고치려 한 적도 있었다. 점잖고 고상한 언어를 사용해야 사람들이 '이 목사님은 공부를 많이 하셨구나'라고 생각할 것 같았다. 하지만 표준어로 '얌전하게' 설교하려니 남의 옷을 입은 것처럼 자연스럽지 않았다. 설교 원고를 한 글자도 빼놓지 않고 준비했지만, 막상 설교를 시작하면 문장 연결이 매끄럽지 않고 억양도 남아 있어, 말하는 나도 듣는 사람도 어색했다. 결국 내 스타일대로 설교하기로 했고, 그 스타일은 시간이 지나면서 다른 사람과 구분 짓는 나만의 특징이 되었다. 직설적인 화법으로 기선을 제압하기도 하고, 거칠게 들릴 수 있지만 고정관념을 깨면서 지루하지 않게 사람들의 귀와 마음에 새겨지게 했다. 익숙한 말투를 사용하니 말하는 것이 자연스러워졌고, 자연스럽게 하다 보니 자신감도 생겨 듣는 사람들에게도 편안하게 다가갔다. 하나님이 내게 주신 은사이자 선물이라 생각한다.

꿈과 소망이 있는 미래

오늘날 많은 사람이 하나님의 말씀에 굶주리고 진리에 목말라 있지만, 각박한 현실 속에서 말씀의 능력을 체험하고 그것을 증거하기는 쉽지 않다. 그러나 어려움이 있다고 말씀을 따르지 않는다면 주님께서 하늘을 치며 통탄하실 일이다.

내가 바라는 포도원교회는 한마디로 말해 꿈과 사랑이 샘솟는 교회다. 현실이 아무리 힘들고 어렵더라도, 포도원교회에 오면 하나님께서 주신 꿈을 발견하게 되고, 그 꿈이 현실로 이루어지는 모습을 보게 되는 교회다. 또한 상처가 크고 깊더라도, 포도원교회에 오면 하나님의 사랑으로 치유 받고, 그 사랑을 다시 다른 사람에게 전할 수 있는 교회다. 이처럼 포도원교회는 꿈의 현상소이자 사랑의 발전소로서, 하나님을 전하는 교회가 되어야 한다.

아직 포도원교회는 걸음마 단계에 있다. 부산 북부 지역을 책임지는 영적 등대이자 하나님의 사랑을 베푸는 발전소가 되기 위해서는, 더욱 갖추고 배워야 할 것이 많다.

특히 목회 경험과 함께 리더로서 갖추어야 할 일들에 대한 간절한 소망이 있다. 이것은 내 삶에서 터득한 신념과도 같다. 물론 교회 안에만 머무르는 사람이 리더십을 이야기하는 것이

무색하게 보일 수도 있다. 그러나 세상의 어떤 기업이나 국가를 이끄는 리더보다도 뛰어난 리더십과 신념이 목회자에게 필요하다. 이 신념이 오늘의 나를 만들었으며, 나는 지금도 이 신념을 마음에 새기며 확신 가운데 인생을 걸어가고 있다.

미국의 리더십 전문 잡지인 〈리더십〉(Leadership)이 1965년부터 1985년까지 20년 동안 주요 교단의 성장폭을 분석한 결과, 목회자의 리더십과 교회 성장 사이에는 매우 밀접한 관계가 있음이 밝혀졌다.

물론 하나님의 개입과 은혜가 없이 교회 성장은 불가능하다. 그러나 단순히 기도만 한다고 교회가 저절로 커지는 것도 아니다. 목회자는 하나님께서 주신 비전을 품고, 그 비전을 이루기 위해 최선을 다해야 한다. 여기서 말하는 최선은 밤잠을 자지 말고 뛰어다니라는 뜻이 아니라, 비전에 맞춘 구체적인 계획을 세워 진행해 가며, 동시에 하나님이 사용하실 수 있도록 준비된 사람이 되어야 한다는 뜻이다.

어떤 단체든, 그 단체를 이끄는 리더의 리더십 수준만큼 성장한다. 경영학의 대가 피터 드러커(Peter Ferdinand Drucker)는, 기업가들이 돈을 벌고 싶다면 대형 교회 목사들이 교회를 어떻게 운영하는지에서 교훈을 얻어야 한다고 말했다. 교회를 운영하는 데에는 CEO 못지않은 경영 기술과 마인드가 필요하다.

목회자는 교회에서 일어나는 크고 작은 일에 직간접적으로 영향을 끼친다. 따라서 목회자는 그리스도의 몸을 돌보는 자로서, 자신의 양을 양육하는 목자로서, 한 단체를 이끄는 리더로서 합당한 자세를 지녀야 한다. 이것이 내가 꿈꾸는 미래이며, 내가 걸어가는 길이다.

에필로그

하나님이 찾으시는 한 사람

삶을 살아가다 보면 우리는 때때로 전능하신 하나님을 바라보기보다, 눈앞에 보이는 숫자와 환경 그리고 우리가 소유한 것들에 마음을 빼앗기곤 한다. 마치 인간적인 계산과 조건이 모든 것을 좌우하는 것처럼 여긴다. 그렇게 우리는 우리의 좁은 생각과 한계 안에 하나님의 크심을 억지로 끼워 넣으려 한다. 그러나 하나님은 우리가 상상할 수 없는 분이며, 우리의 눈으로 판단할 수 없는 방식으로 일하시는 분이다.

사사기 7장에는 이스라엘과 미디안 사이의 전쟁 이야기가 기록되어 있다. 당시 미디안의 군대는 약 13만 5천 명에 달했지만, 이스라엘은 겨우 3만 2천 명을 모으는 데 그쳤다. 수적으로만 보아도 상대가 되지 않는 싸움이었다. 아무리 뛰어난 전략과 용맹함을 갖춘다 해도, 네 배가 넘는 적군을 상대한다는 것은 불가능해 보였다.

하지만 하나님은 달리 말씀하셨다. 2절에서 "너를 따르는 백성이 너무 많은즉"이라고 하셨다. 우리의 눈에는 부족해 보이는 숫자가 하나님 보시기에는 오히려 많다는 것이다. 하나님의 시선은 우리의 시선과 근본적으로 다르다. 하나님은 숫자에 의존하지 않으신다. 오히려 인간적인 힘을 의지하지 못하도록 스스로를 비우게 하신다.

하나님은 두려워 떠는 자들을 돌려보내셨고, 그 결과 남은 병사는 만 명뿐이었다. 그러나 하나님은 또 말씀하셨다. "백성이 아직도 많으니"(4절) 하며 다시 한번 걸러내셨다. 결국 남은 자는 겨우 300명, 전체 3만 2천 명 가운데 1퍼센트에도 못 미치는 숫자였다. 그러나 하나님은 이 300명으로 13만 5천 명을 물리치게 하셨다. 하나님의 방식은 언제나 우리의 예상을 뛰어넘는다.

하나님은 깨어 있는 한 사람, 창조적인 소수를 찾으신다. 역사는 언제나 다수가 아닌, 하나님께 붙들린 소수에 의해 움직여 왔다. 예레미야 5장 1절에서도 하나님은 예루살렘을 두루 다니며 진리를 행하는 한 사람만 찾아도 그 성을 용서하겠다고 말씀하신다. 소돔과 고모라가 멸망한 이유도 죄인이 많아서가 아니라, 의인이 한 사람도 없었기 때문이다. 하나님은 언제나 그 '한 사람'을 찾으신다.

사무엘상 13장 14절은 이렇게 말씀한다.

"여호와께서 그의 마음에 맞는 사람을 구하여 여호와께서 그를 그의 백성의 지도자로 삼으셨느니라."

하나님이 찾으셨던 그 한 사람, 바로 다윗이었다. 다윗은 하나님의 마음에 맞는 사람이었고, 하나님은 그를 이스라엘의 왕으로 세워 한 나라를 이끌게 하셨다.

하나님은 복된 환경을 미리 만들어 주시는 분이 아니다. 오히려 한 사람을 복 있는 사람으로 빚어, 그가 있는 곳을 복되게 만드신다. 그러므로 복의 통로가 되고자 하는 사람은 무엇보다 먼저 하나님께 붙들린 사람, 하나님이 쓰시는 한 사람이 되어야 한다.

아직 내 삶의 여정은 끝나지 않았다. 언제 주님 앞에 서게 될지는 알 수 없지만, 그날이 오기까지 나는 하나님께 붙들린 한 사람으로 살아가고 싶다. 하나님께서 필요로 하실 때 언제든지 사용할 수 있는 도구로 준비되어 있고 싶다. 내게 맡기신 사명을 잘 감당하는 충성된 종이 되기를 간절히 소망한다.

  지금까지 나를 인도하신 하나님, 앞으로도 내 삶을 주관하실 하나님께 깊이 감사드린다. 나의 목자가 되어서 쉼과 평안을 주고 나의 모든 필요를 채우시는 주님, 나를 포도원교회로 인도하고 그 안에서 당신의 뜻을 이루게 하시는 하나님께 영광을 돌린다. 나는 그분의 사랑받는 한 사람으로, 앞으로도 더욱 그분의 손에 붙들려 살아가고자 한다. 하나님이 찾으시는 바로 그 한 사람이 되기를, 이 에필로그를 통해 다시 고백한다.

부록

포도원교회 사진

포도원교회 드림센터

포도원의 첫 사랑 덕천 성전(초기)

포도원교회 덕천 성전

포도원교회 화명 성전

포도원교회 비전센터

포도원교회 양산 미션센터

우간다 포도원교회